コンプライアンス＆リスクマネジメント対応規則規程

条文対応根拠と解説

著者
株式会社スタッフコンサルティング
森紀男
特定社会保険労務士

監修
銀座セントラル法律事務所
井手大作
弁護士

労働新聞社

はじめに

　最近のニュース等の報道を見ると、特に大企業の不正行為あるいは不祥事が相次いでいます。これは、法的にあるべき社内組織体制が機能せず、経営者から従業員に至るまで、コンプライアンス規範に反した意識や行動に由来するのではないかと思われます。

　また、企業の不正行為を起こすのは、常に「人」です。トップのリーダーシップ欠如も要因ではありますが、多くの不正行為は、内部管理体制の不備などに原因があります。

　内部管理体制の充実を図るには、就業規則とその他の規則・規程関係の整備と、報告・連絡・相談等を通じてコミュニケーションを円滑に進めることが重要です。

　様々な不祥事は、会社の信用を簡単に失墜させることを肝に銘じておかなければなりません。

内部管理体制充実のための環境づくり

① 経営理念、倫理規定、行動指針等が制定されているか、また役員及び従業員に周知されているか

② 経営理念又は倫理規定に基づき、社内の制度が適切に設計・運用されているか、また社内ルールを逸脱した行動が発見された場合には、適切に是正が行われるようになっているか

③ 法令及び規則・規程等に違反する行為が発見された場合には、再発防止策をすみやかに講じているか

④ 企業内の個々の職能（生産、販売、情報、会計等）及び活動単位に対して、適切な役割分担を定めているか

⑤ 責任の割当と権限の委任が、すべての従業員に対して明確になされているか

⑥ 経営者は、従業員等に職務遂行に必要な手段及び教育訓練等を提供し、従業員等の能力向上を支援しているか

コンプライアンスと規則・規程

　某社のコンプライアンスに関する規程を見ると、最初に「目的」として「本規程は、当社の取締役及び従業員が法令、定款、企業倫理、社内規則・規程等を遵守したうえで、業務の適正を確保することを目的とするものである。」と定めています。

　また、「定義」として「この規程において『コンプライアンス』とは法令（指針・通達等を含む）、企業倫理及び社内規則・規程を遵守する意義及びその行動をいう。」としています。

　本書は、会社において必須と思われる社内規則・規程を、規程ごとに法的根拠（法令、指針、通達等）を解説として加えた「解説付規程集」として活用されることを目的として作成したものです。本書の内容が、皆様の実務に少しでも役立つことを祈念いたします。

目　次

1．コンプライアンス違反に関する
　　事例 …………………………… 11
2．取締役の責務 ………………… 13

総務・人事担当者が知っておきた
い法令等 …………………………… 14

1　会社のコンプライアンス及びリスク管理等に関する規則

第1章　総　則
　第1条（目　的） 20
　第2条（基本理念） 20
　第3条（定　義） 20

第2章　組織体制
　第4条（コンプライアンス責任者） 21
　第5条（コンプライアンス委員会） 22
　第6条（コンプライアンス事務局） 22

第3章　行動基準
　第7条（コンプライアンスを意識した
　　　　行動） 23
　第8条（リスクを意識した行動） 23
　第9条（企業倫理を意識した行動） 24

第4章　日常における留意事項等
　第10条（社員等による報告等） 25
　第11条（対策チーム） 25
　第12条（教育等） 26
　第13条（処分等） 26
　第14条（改　廃） 26
　第15条（施　行） 26

2　規程管理規程

第1章　総　則
　第1条（目　的） 28
　第2条（規程の定義） 28
　第3条（遵守義務） 28
　第4条（規程の周知徹底） 28
　第5条（規程の保存） 28
　第6条（疑義の裁定） 29

第2章　規程の種類及び効力
　第7条（規程の種類） 29
　第8条（規程の取扱い） 30
　第9条（効力の発生及び消滅） 30
　第10条（効力の順位） 30
　第11条（社内通達） 30
　第12条（社内通達の種類） 31

第3章　規程の制定、改廃、運用
　第13条（規程の制定及び改廃） 31
　第14条（規程の運用） 32

第4章　規程の配布、保管
　第15条（公布方法） 32
　第16条（配布・保管・管理） 32

第5章　その他
　第17条（規程の整備） 33
　第18条（規程の様式） 33
　第19条（主　管） 33
　第20条（改　廃） 33
　第21条（施　行） 33

3　文書・電子文書等取扱規則

第1章　総　則
　第1条（目　的） 38
　第2条（適用文書の範囲） 38
　第3条（私有禁止） 38
　第4条（文書の主管） 38
　第5条（取扱担当者） 39
　第6条（文書の保存期間と区分） 39

第2章　文書の取扱い
　第7条（保存の方法） 39

第8条（保存場所） 39
第9条（保存場所の整理） 40
第10条（保存期間の変更） 40
第11条（保存文書の移管） 40
第12条（文書保存の管理責任者） 40
第13条（保存文書の廃棄） 40

第3章 電子文書の取扱い

第14条（電子文書の保存方法） 41
第15条
　（電子文書保存の管理責任者） 41
第16条（電子文書の廃棄） 41

第4章 電子帳簿保存の取扱い

第17条（電子帳簿の対象書類） 42
第18条（電子帳簿の取扱い） 42

第5章 附則

第19条（罰則） 43
第20条（改廃） 43
第21条（施行） 44

4 スキャナによる電子化保存規程

第1章 総則

第1条（目的） 50
第2条（定義） 50
第3条（運用体制） 51
第4条（利用者の責務） 51

第2章 対象書類及び入力の時期

第5条（対象書類） 52
第6条（入力の時期） 52
第7条（スキャニング処理） 53
第8条（電子化文書の保存） 53
第9条（電子化文書の消去） 53

第3章 機能要件

第10条（管理機能等） 54

第4章 機器の管理と運用

第11条（機器の管理） 56
第12条（入力装置の設定） 56
第13条（出力装置の設定） 57

第5章 書類の管理等

第14条（書類の受領） 57
第15条（原本の廃棄） 58
第16条（改廃） 58
第17条（施行） 58

5 公益通報者保護規則（内部通報制度）

第1条（目的） 62
第2条（従事者等の定義） 62
第3条（相談及び通報窓口） 63
第4条（通報の方法） 63
第5条（調査） 63
第6条（協力義務） 63
第7条（利益相反の回避） 64
第8条（是正措置） 64
第9条（通知） 65
第10条（社内処分） 65
第11条（通報者等の保護） 65
第12条（秘密保持） 66
第13条（懲戒） 66
第14条（相談又は通報を受けた者の責務） 66
第15条（記録の作成・保管） 67
第16条（所管） 67
第17条（改廃） 67
第18条（施行） 67

6 営業秘密管理規程

第1条（目的） 72
第2条（適用範囲） 72
第3条（定義） 72
第4条（営業秘密の分類） 73
第5条（管理組織） 73
第6条（営業秘密の指定、表示） 74
第7条（営業秘密の管理） 74
第8条（秘密保持義務） 75
第9条（誓約書の提出） 76
第10条（営業秘密文書等の指定の変更、解除） 76

第 11 条（営業秘密文書等の廃棄） 77
第 12 条（周知徹底及び教育） 77
第 13 条（退職者等） 77
第 14 条
（第三者の秘密情報の取扱い） 78
第 15 条（懲戒処分等） 78
第 16 条（改　廃） 78
第 17 条（施　行） 78

7 個人情報取扱規程

第 1 章　総　則
第 1 条（目　的） 80
第 2 条（個人情報の定義） 80
第 3 条（会社の責務） 83
第 4 条（正確性の確保） 83
第 5 条（安全管理措置） 83

第 2 章　管理体制
第 6 条（事務取扱責任者） 84
第 7 条（部門責任者） 84
第 8 条（個人情報の取扱いの決定） 84
第 9 条（従業者等の責務） 84
第 10 条（漏洩時等における報告連絡体制） 85
第 11 条
（個人情報の取扱状況の把握） 85
第 12 条（責務等） 85

第 3 章　個人情報の取扱い
第 13 条（利用目的の特定） 85
第 14 条（利用目的による制限） 87
第 15 条（適正な取得） 88
第 16 条（取得に際しての利用目的の通知等） 88

第 4 章　個人データの第三者提供の制限
第 17 条（第三者提供の制限） 90
第 18 条
（第三者提供に係る記録の作成） 91
第 19 条（第三者提供を受ける際の確認等） 91

第 5 章　人的安全管理措置
第 20 条（従業者等の監督） 92
第 21 条（教育・研修） 92
第 22 条（守秘義務） 92

第 6 章　物的安全管理措置
第 23 条（個人データの閲覧制限等）93
第 24 条（機器及び電子媒体等の盗難等の防止） 93
第 25 条（電子媒体等を持ち運ぶ場合の漏洩等の防止） 93
第 26 条（個人データの削除及び機器・電子媒体等の廃棄） 94

第 7 章　技術的安全管理措置
第 27 条（アクセス制御及びアクセス者の識別） 94
第 28 条（外部からの不正アクセス等の防止） 94
第 29 条（情報システムの使用に伴う漏洩等の防止） 95

第 8 章　保有個人データに関する開示請求等への対応
第 30 条（保有個人データに関する事項の公表等） 95
第 31 条（保有個人データの開示等）95
第 32 条（保有個人データの訂正、追加、削除） 96
第 33 条（保有個人データの利用停止、消去、第三者提供の停止） 97

第 9 章　個人データの委託
第 34 条
（個人データの取扱いの委託） 98
第 35 条（申請及び承認） 98
第 36 条（委託契約） 98
第 37 条（遵守状況の確認） 99

第 10 章　事務取扱責任者等の責務と役割
第 38 条（事務取扱責任者等） 99
第 39 条（事務取扱責任者等の任務）99

第40条（事務取扱担当者の監督）100
　第41条（事務取扱担当者の責務）101
　第42条（この規程に基づく運用状況
　　の記録）　　　　　　　　　101
　第43条（取扱状況の確認手段）102
　第44条（苦情への対応）　　　102
　第45条（取扱状況の確認並びに安全
　　管理措置の見直し）　　　　103

第11章　その他
　第46条（懲　戒）　　　　　　103
　第47条（損害賠償）　　　　　103
　第48条（改　廃）　　　　　　103
　第49条（施　行）　　　　　　104

8　安全衛生管理規程

第1章　総　則
　第1条（目　的）　　　　　　106
　第2条（適用の範囲）　　　　106
　第3条（会社の責務）　　　　106
　第4条（従業員の義務）　　　106

第2章　安全・衛生管理
　第5条（安全衛生管理体制）　107
　第6条（衛生管理者）　　　　107
　第7条（産業医）　　　　　　108
　第8条（安全管理者）　　　　109
　第9条（安全衛生委員会）　　109

第3章　健康の保持増進措置等
　第10条（健康診断及び面接指導）110
　第11条（自発的健康診断）　　110
　第12条（秘密保持）　　　　　111
　第13条（病者の就業禁止）　　111
　第14条（健康の保持増進措置）111
　第15条（改　廃）　　　　　　111
　第16条（施　行）　　　　　　112
　第17条（付属規程）　　　　　112

9　安全衛生委員会規則

第1章　総　則
　第1条（目　的）　　　　　　114
　第2条（安全に関する審議事項）114
　第3条（衛生に関する審議事項）114
　第4条（委　員）　　　　　　115
　第5条（委員の構成）　　　　116
　第6条（任　務）　　　　　　116
　第7条（委員会の開催）　　　116
　第8条（議事の周知）　　　　117
　第9条（任　期）　　　　　　117
　第10条（事務局）　　　　　　117
　第11条（審議事項の追加）　　117
　第12条（改　廃）　　　　　　118
　第13条（施　行）　　　　　　118
　第14条（付属規程）　　　　　118

10　健康管理規程

　第1条（目　的）　　　　　　120
　第2条（規程の遵守）　　　　120
　第3条
　　（衛生管理者等の選任と職務）120
　第4条（衛生委員会）　　　　120
　第5条（健康診断）　　　　　121
　第6条（面接指導）　　　　　122
　第7条（健康の評価・管理）　122
　第8条（有所見者に対する措置）122
　第9条（要治療者の出勤）　　123
　第10条（アフター・ケア施策）124
　第11条（妊婦の保護）　　　　124
　第12条（病者の就業禁止）　　125
　第13条（感染症等）　　　　　125
　第14条（伝染病発生時の措置）126
　第15条
　　（ストレス検査及び面接指導）126
　第16条（職場における健康維持の阻
　　害要因）　　　　　　　　　127
　第17条（衛生教育）　　　　　127
　第18条（健康教育）　　　　　127
　第19条（個人健康情報の保護）128
　第20条（改　廃）　　　　　　129

第 21 条（施　行） 129
第 22 条（付属規程） 129

11　心身の状態の情報の取扱規程

第 1 条（総　則） 136
第 2 条（目　的） 136
第 3 条（心身の状態の情報の取得）136
第 4 条（心身の状態の情報の第三者提供の方法） 138
第 5 条（心身の状態の情報の保護）139
第 6 条
（心身の状態の情報の適正管理） 140
第 7 条（心身の状態の情報の取扱いに関する苦情処理） 141
第 8 条（不利益な取扱いの禁止） 141
第 9 条（改　廃） 144
第 10 条（施　行） 144
第 11 条（付属規程） 144

12　服務規律
（従業員の守るべき規則）

第 1 条（服務の基本原則） 148
第 2 条
（職場環境維持に関する事項） 148
第 3 条
（職務専念義務に関する事項） 149
第 4 条（信用維持に関する事項） 149
第 5 条（職場におけるパワーハラスメント） 150
第 5 条の 2 （職場におけるパワーハラスメントの禁止行為） 151
第 6 条（職場におけるセクシュアルハラスメント） 152
第 6 条の 2 （職場におけるセクシュアルハラスメントの禁止行為） 152
第 7 条（職場における妊娠・出産・育児休業等に関するハラスメント）153
第 7 条の 2 （職場における妊娠・出産・育児休業等に関するハラスメントの禁止行為） 153
第 8 条（懲　戒） 154
第 9 条（相談及び苦情への対応） 155

第 10 条（再発防止の義務） 156
第 11 条（教育・指導） 156
第 12 条（金銭貸借に関する事項） 156
第 13 条
（贈答・接待に関する事項） 156
第 14 条（不正請求に関する事項） 157
第 15 条（反社会的勢力への対応） 157
第 16 条（情報管理に関する事項） 158
第 17 条（個人情報及び特定個人情報管理義務） 159
第 18 条（守秘義務契約） 159
第 19 条（競業避止義務） 160
第 20 条（法令・社内諸規程（規定）の遵守） 160
第 21 条（懲戒処分） 160
第 22 条（改　廃） 160
第 23 条（施　行） 160

13　ハラスメント防止規程

第 1 章　総　則

第 1 条（目　的） 162
第 2 条（適用範囲） 162
第 3 条（職場の定義） 162

第 2 章　パワーハラスメント

第 4 条
（パワーハラスメントの定義） 163
第 5 条（パワーハラスメントの禁止行為） 164

第 3 章　セクシュアルハラスメント

第 6 条（セクシュアルハラスメントの定義） 165
第 7 条（セクシュアルハラスメントの禁止行為） 165

第 4 章　妊娠・出産・育児休業等に関するハラスメント

第 8 条（妊娠・出産・育児休業等に関するハラスメントの定義） 166
第 9 条（妊娠・出産・育児休業等に関するハラスメントの禁止行為） 167

第5章　懲戒等
　第10条（懲　戒）　　　　　　　168
　第11条（法的措置）　　　　　　169

第6章　相談窓口等
　第12条（相談及び苦情への対応）169
　第13条（再発防止の義務）　　　170
　第14条（教育・指導）　　　　　170
　第15条（改　廃）　　　　　　　170
　第16条（施　行）　　　　　　　170

14 カスタマーハラスメント対応規程
　第1条（目　的）　　　　　　　172
　第2条（カスタマーハラスメントの定義）　　　　　　　　　　　172
　第3条（対象となる行為）　　　172
　第4条（顧客対応）　　　　　　173
　第5条（対応方法）　　　　　　173
　第6条（社内相談窓口）　　　　173
　第7条（研修・教育）　　　　　174
　第8条（会社の配慮措置）　　　174
　第9条（再発防止）　　　　　　174
　第10条（改　廃）　　　　　　　174
　第11条（施　行）　　　　　　　174

15 テレワーク勤務規程
第1章　総　則
　第1条（テレワーク勤務の目的）176
　第2条（テレワーク勤務の定義）176

第2章　勤務等
　第3条（テレワーク勤務の対象者）177
　第4条（テレワーク勤務日）　　177
　第5条（テレワーク勤務利用の手続き）177
　第6条（テレワーク勤務時の服務規律）178

第3章　在宅勤務時の労働時間等
　第7条（テレワーク勤務時の労働時間）179
　第8条（テレワーク勤務時の事業場外みなし労働制）179
　第9条（休憩時間）　　　　　　180
　第10条（労働時間中の中抜け）　180
　第11条（始業・終業時刻のスライド）180
　第12条（移動時間）　　　　　　181
　第13条（所定休日）　　　　　　181
　第14条（時間外及び休日労働等）181

第4章　テレワーク勤務時の勤務等
　第15条（業務の開始及び終了の報告）182
　第16条（業務報告）　　　　　　182
　第17条（テレワーク勤務時の連絡体制）182

第5章　テレワーク勤務時の賃金等
　第18条（賃金等）　　　　　　　183
　第19条（情報通信機器・ソフトウェア等の貸与等）183
　第20条（費用の負担）　　　　　184
　第21条（教育訓練）　　　　　　184
　第22条（災害補償）　　　　　　184
　第23条（健康管理）　　　　　　185
　第24条（改　廃）　　　　　　　185
　第25条（施　行）　　　　　　　185

| 1．コンプライアンス違反に関する事例 | ※ 2023年7月～11月　日本経済新聞、東京新聞より抜粋 |

（1）コンプライアンス違反で倒産
- 粉飾決算などコンプライアンス（法令遵守）違反が発覚し、ゼロゼロ融資の返済に当たり借り換えや追加融資を金融機関に求めた際に不正が発覚したケースが多い。
- コンプライアンス違反関連の倒産が増えた。
　倒産要因別では、粉飾決算、違法な営業活動等による業法違反がそれぞれ最多であった。次に補助金などの不正受給、私的流用による資金流出や横領などの不正が続いた。
- 粉飾が発覚し、借り換えができず、倒産に至った。

（2）下請代金不正減額の問題
- 中古自動車販売会社が、下請け事業者への支払代金を不当に減額するなどしたとして、公正取引委員会が下請法違反の疑いで調査を開始した。
- 下請法は、独占禁止法が禁じる「不公正な取引方法」の類型の一つである「優越的地位の濫用」の防止を目的とした個別法
- 下請け事業者に責任が無いのに支払金額を減額することや不当な利益を提供するよう要請する行為等を禁じている。

（3）自動車保険の保険金不正請求問題
- 損害保険各社が中古自動車販売会社の従業員の内部告発により知った。
- 当該販売会社が、外部に依頼した調査結果を公表、「不適切な行為」があったことを認めた。
- 代表取締役が引責辞任した。
- 金融庁が、当該販売会社に対して「保険代理店登録」を取り消した。

（4）個人情報の流出の問題
① テレマーケティング業務を行う会社が、顧客から受託したコールセンター業務に関する個人情報約900万件が外部に流出したと発表した。別の子会社の元派遣社員が不正に持ち出した。一部は名簿業者に渡っており、警察が不正競争防止法違反容疑で捜査を始めた。

② 元派遣社員は、データをサーバーから作業端末に移し、使用禁止だったUSBメモリーに顧客情報をダウンロードして持ち出したとされる。データベースへの不審なアクセス検知策が不充分だった。
③ 福岡県は、コールセンター業務を受託した自動車税の納税者の氏名や電話番号など最大約14万人分が流出したと発表し、国の個人情報保護委員会に報告した。

(5) 情報流出は、会社にも管理責任が

① 企業からの情報の不正な持ち出しについて、警察が個人情報保護法違反で摘発する例が目立ち始めた。不正競争防止法で定める「営業秘密」よりも対象範囲が広く、様々な事例に対応しやすい。
② 警視庁は、2023年9月、転職前に勤務していた企業の名刺情報管理システムのログインIDやパスワードを転職先に不正に提供したとして、男を個人情報保護法違反（不正提供）の疑いで逮捕した。
　男はIDやパスワードを転職先グループ会社の社員らにチャットアプリで共有した。転職先で数万人分の名刺情報が閲覧できるようになったことによる。
③ この事件に適用されたのは改正個人情報保護法、2017年に施行された。
・個人情報の集合体である個人情報データベース等を自分や第三者の不正な利益のために提供し、また盗用することも禁じる。罰則は1年以下の懲役又は50万円以下の罰金。
・2023年10月、受験塾大手「Y」の元講師による児童の盗撮事件でも、同法が適用された。警視庁は塾に複数の女児の氏名、住所などをSNSのグループチャットに投稿したとして、元講師の男を個人情報保護法違反（盗用）容疑で書類送検、両罰規定に基づき法人としての「Y」も書類送検した。

２．取締役の責務

(1) 会社の法令遵守が取締役の職務上の義務であることを認めた事例（最判平12．7．7野村証券損失補填株主代表訴訟事件）

（会社法第355条）の法令には、善管注意義務、忠実義務等の一般規定のほか、商法その他の法令中の会社を名宛人とし、会社がその業務を行うに際して遵守すべき全ての規定が含まれ、取締役が会社をして右規定に違反させる行為をしたときは、取締役の右行為が一般規定の定める義務に違反することになるか否かを問うまでもなく、法令に違反する行為をしたときに該当する。

(2) リスク管理体制を構築すべき義務及びその履行の監視義務との関係（大阪地判平12．9．20大和銀行株主代表訴訟事件）

健全な会社経営を行うためには、目的とする事業の種類、性質等に応じて生じる各種のリスクの状況を正確に把握し、適切に制御すること、すなわちリスク管理が欠かせず、会社経営の根幹に関わるリスク管理体制の大綱については、取締役会で決定することを要し、業務執行を担当する代表取締役及び業務担当取締役は、大綱を踏まえ、担当する部門におけるリスク管理体制を具体的に決定するべき職務を負い、取締役は、取締役会の構成員として、また、代表取締役又は業務担当取締役として、リスク管理体制を構築すべき義務を負い、さらに、代表取締役及び業務担当取締役がリスク管理体制を構築すべき義務を履行しているか否かを監視する義務を負うのであり、これもまた、取締役としての善管注意義務及び忠実義務の内容をなす。

| 総務・人事担当者が知っておきたい法令等 | | 2024.04.01 現在 |

1．労働法編

	法　名	指　針　等
(1)	労働基準法	・割増賃金に係る率の最低限度を定める政令 ・労働時間の延長及び休日の労働について留意すべき事項等に関する指針
(2)	労働基準法施行規則	
(3)	女性労働基準規則	
(4)	労働契約法	・通算契約期間に関する基準を定める政令 ・専門知識等を有する有期雇用労働者等に関する特別措置法
(5)	男女雇用機会均等法	・差別禁止に関して事業主が適切に対応するための指針 ・職場における性的言動に関して雇用管理上講ずべき措置等についての指針
(6)	男女雇用機会均等法施行規則	
(7)	育児・介護休業法	
(8)	育児・介護休業法施行規則	
(9)	短時間・有期雇用労働者の雇用管理改善法（パート・有期法）	・不合理な待遇の禁止等に関する指針
(10)	最低賃金法	
(11)	賃金の支払の確保等に関する法律	
(12)	労働安全衛生法	
(13)	労働安全衛生規則	
(14)	労働施策総合推進法	・職場における優越的な関係を背景とした言動に起因する雇用管理上講ずべき措置等についての指針 ⇒「セクシュアルハラスメント」 　「パワーハラスメント」
(15)	労働者派遣法	
(16)	高年齢者等雇用安定法	

(17)	職業安定法	
(18)	雇用保険法	
(19)	労働組合法	
(20)	公益通報者保護法	・事業者がとるべき措置に関して、その適切かつ有効な実施を図るために必要な指針 ⇒「内部通報制度」

2．憲法・民法・商法・経済法編その他

<憲法編>

法　名	備　考
・個人情報の保護に関する法律	
・個人情報の保護に関する法律施行令	・個人情報保護委員会（国）

<民法編>

法　名	備　考
・電子署名及び認証業務に関する法律	・「電子署名」 　電磁的に記録することができる情報について行われる措置 ・「認証業務」 　「利用者」に係るものであることを証明する業務
・身元保証ニ関スル法律	・身元保証契約期間 ⇒ 5年 ・損害賠償 ⇒ 保証責任の限度(額)の認定
・性同一性障害者の性別の取扱いの特例に関する法律	・性同一性障害者に関する法令上の性別の取扱の特例について定めるもの

<商法編>

法　名	備　考
・会社法	・定款の作成 ・株主総会 ・役員の選任 ・取締役会 ・会社の登記関係等

法　名	備　考
・会社法施行令	・電磁的方法による提供の承諾書 ・電磁的方法による通知の承諾書
・会社法施行規則	・第231条（定義）（「電子文書法」） ・第232条（保存の指定） ・第233条（保存の方法） ⇒スキャナー（コンピューターによるファイル保存方法）

＜税法編＞

法　名	備　考
・所得税法	・源泉控除等 ・給与所得控除 ・給与として支払う場合の給与計算時の課税非課税
・消費税法	・適格請求書（インボイス）発行事業者の登録等 ・適格請求書発行事業者の義務 ・適格請求書類似書類等の交付の禁止
・印紙税法	・課税標準及び税率 ・請負に関する契約書 ・継続的取引の基本となる契約 ・合併契約書又は吸収分割契約書若しくは新設分割計画書

＜経済法編＞

法　名	備　考
・独占禁止法	・優越的地位の濫用 ・不公正な取引の方法 ・公正取引委員会
・下請代金支払遅延等防止法	・製造委託 ・修理委託 ・情報成果物作成委託 ・役務提供委託（原則、建設工事を除く）
・特定受託事業者に係る取引の適正化等に関する法律（フリーランス新法）	・定義（特定受託事業者、業務委託事業者） ・特定受託事業者に係る取引の適正化 ・特定受託業務従事者の就業環境の整備

＜知的財産編＞

法　名	備　考
・不正競争防止法	・営業秘密管理指針
・著作権法	・著作物 ・著作者 ・権利の内容 ・出版権 ・著作隣接権 ・著作権等の制限による利用に係る補償

＜社会保障・厚年法＞

法　名	備　考
・国民年金法	
・厚生年金法	
・健康保険法	
・国民健康保険法	
・障害者雇用促進法	

1 会社のコンプライアンス及びリスク管理等に関する規則

- 会社法第 355 条（忠実義務）
- 会社法第 423 条（損害賠償責任）
- **リスク管理体制を構築すべき義務及びその履行の監視義務との関係**（大阪地判平 12.9.20 大和銀行株主代表訴訟事件）

  「健全な会社経営を行うためには、目的とする事業の種類、性質等に応じて生じる各種のリスクの状況を正確に把握し、適切に制御すること、すなわちリスク管理が欠かせず、会社経営の根幹に関わるリスク管理体制の大綱については、取締役会で決定することを要し、業務執行を担当する代表取締役及び業務担当取締役は、大綱を踏まえ、担当する部門におけるリスク管理体制を具体的に決定するべき職務を負い、取締役は、取締役会の構成員として、また、代表取締役又は業務担当取締役として、リスク管理体制を構築すべき義務を負い、さらに、代表取締役及び業務担当取締役がリスク管理体制を構築すべき義務を履行しているか否かを監視する義務を負うのであり、これもまた、<u>取締役としての善管注意義務及び忠実義務の内容をなす。</u>」

- **会社の法令遵守が取締役の職務上の義務であることを認めた事例**（最判平 12.7.7 野村証券損失補填株主代表訴訟事件）

  「（会社法第 355 条）の法令には、善管注意義務、忠実義務等の一般規定のほか、商法その他の法令中の会社を名宛人とし、会社がその業務を行うに際して遵守すべき全ての規定が含まれ、<u>取締役が会社をして右規定に違反させる行為をしたときは</u>、取締役の右行為が一般規定の定める義務に違反することになるか否かを問うまでもなく、<u>法令に違反する行為をしたときに該当する。</u>」

第 1 章　総　則

第 1 条（目　的）

> 本規則は、会社の取締役及び社員（契約社員、嘱託社員、アルバイトを含む。以下「社員等」という）が法令、定款、社内規則・規程及び企業倫理等を遵守したうえで、業務の適正を確保することを目的としたものである。

＜法的根拠等＞

□会社法第355条（忠実義務）
「取締役は、法令及び定款並びに株主総会の決議を遵守し、株式会社のため忠実にその職務を行わなければならない」

第 2 条（基本理念）

> 社員等は、「会社行動指針」「個人情報保護に関する基本方針（プライバシーポリシー）」に則り、コンプライアンス体制の構築を目指し、誠実に法令を遵守して業務を遂行しなければならない。

□「会社行動指針」「プライバシーポリシー」の作成

第 3 条（定　義）

> この規則において「コンプライアンス」とは、法令（行政上の通達・指針等を含む）、社内規則・規程及び企業倫理を遵守する意識並びにその行動をいう。
> 2　この規則において「リスク」とは、会社の事業遂行及び自然災害、事故等の災害に伴う人的、物的、その他の経営資源に重大な損失を与え得る事象をいう。ただし、社員等が日常の業務において倫理観を持って適切な手続き等を実行したうえで生じた損失に係わる事象は含まない。

□「コンプライアンス」とは
要求や命令に従うこと。特に、企業が法令や社会規範・企業倫理を守ること。法令遵守。（広辞苑第7版）

□「リスク管理（リスクマネジメント）」とは
企業活動に伴うさまざまな危険を勘案し、損失を最小限に抑える管理運営方法。（広辞苑第7版）

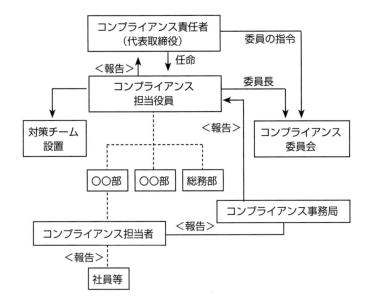

第2章　組織体制

第4条（コンプライアンス責任者）

> 　代表取締役は、コンプライアンス及びリスク管理に係る責任者（以下「コンプライアンス責任者」という）として関連業務を統括する。
> 2　コンプライアンス責任者は、その補佐役としてコンプライアンス及びリスク管理に係る担当役員（以下「コンプライアンス担当役員」という）を任命する。
> 3　コンプライアンス責任者は、コンプライアンス及びリスク管理に関する委員会（以下「コンプライアンス委員会」という）の委員を指名し、コンプライアンス委員会を設置する。

<法的根拠等>

□ 会社の法令遵守が取締役の職務上の義務であることを認めた判例（最判平12.7.7 野村証券損失補填株主代表訴訟事件）

「（会社法第355条）の法令には、善管注意義務、忠実義務等の一般規定のほか、商法その他の法令中の会社を名宛人とし、会社がその業務を行うに際して遵守すべき全ての規定が含まれ、取締役が会社をして右規定に違反させる行為をしたときは、取締役の右行為が一般規定の定める義務に違反することになるか否かを問うまでもなく、法令に違反する行為をしたときに該当する。」

□ リスク管理体制を構築すべき義務及びその履行の監視義務との関係

第5条（コンプライアンス委員会）

　　コンプライアンス委員会の構成及び目的は、次のとおりとする。
(1) コンプライアンス担当役員は、コンプライアンス委員会の長となる
(2) コンプライアンス委員会は、会社から指名（任命）された委員で構成する
2　コンプライアンス委員会は、以下の業務を行う権限を有する。
(1) 各部のコンプライアンス委員が報告したコンプライアンス及びリスク管理に関する対応策等について検討、適否の判断又は代替案の提案等
(2) 会社で対応すべきコンプライアンス及びリスク管理に関する対応策等の整備及び実施の指示

第6条（コンプライアンス事務局）

　　総務部内に、コンプライアンス委員会の事務を担当する事務局（以下「事務局」という）を設置する。
2　事務局は、以下の業務を行う。
(1) 各部からのコンプライアンス委員会への報告の受付、集約及び報告事項の事実関係の調査
(2) コンプライアンス及びリスク管理の推進役として、教育・訓練等の立案
(3) その他コンプライアンス委員会から指示を受けた一切の業務
(4) コンプライアンス体制構築に向けた内部統制活動に係る検証手続きの実施

＜法的根拠等＞
（大阪地判平12.9.20 大和銀行株主代表訴訟事件）
「健全な会社経営を行うためには、目的とする事業の種類、性質等に応じて生じる各種のリスクの状況を正確に把握し、適切に制御すること、すなわちリスク管理が欠かせず、会社経営の根幹に関わるリスク管理体制の大綱については、取締役会で決定することを要し、業務執行を担当する代表取締役及び業務担当取締役は、大綱を踏まえ、担当する部門におけるリスク管理体制を具体的に決定するべき職務を負い、取締役は、取締役会の構成員として、また、代表取締役又は業務担当取締役として、リスク管理体制を構築すべき義務を負い、さらに、代表取締役及び業務担当取締役がリスク管理体制を構築すべき義務を履行しているか否かを監視する義務を負うのであり、これもまた、取締役としての善管注意義務及び忠実義務の内容をなす。」

第3章　行動基準

＜法的根拠等＞

第7条（コンプライアンスを意識した行動）

> 　社員等は、以下に定める事項を踏まえて行動しなければならない。
> (1) 法令、定款及び社内規則・規程を遵守する
> (2) 公正な財務諸表の作成及び内部統制の整備・運用、社内体制の整備及び運用に努める
> (3) 「企業倫理」及び「会社行動指針」の理解と実践
> (4) 顧客の意見・批判に耳を傾け、迅速かつ適切な対応を行う

□統括部門の設置

□「企業倫理」「会社行動指針」の作成と周知方法

第8条（リスクを意識した行動）

> 　社員等は、リスクを適切に管理するため、以下に定める事項を踏まえて行動しなければならない。
> (1) 各種業務を検証し、リスクの発生を未然に防止するよう努めること
> (2) 経営資源に被害が生じるおそれがある場合、又は生じた場合、速やかにその保全又は回復に努めること
> (3) リスクが顕在化した場合は、責任を持って行動すること

□各部門の予想されるリスクの抽出

第9条（企業倫理を意識した行動）

　社員等は、各種取引等に関して、以下に定める事項を踏まえて行動しなければならない。
（1）　職務上の関係者との間で社会的な儀礼の範囲を超えて贈答品や金品等の授受をしないこと
（2）　公務員又はこれに準ずる立場にある人たちに対して不正な接待を行うこと等、利益や便宜を享受又は供与しないこと
（3）　反社会的な団体や個人に対して一切の利益供与をしないこと
2　社員等は、各種事業活動に関して、以下に定める事項を踏まえて行動しなければならない。
（1）　会社の職務、地位及び財産を私的利益のために利用しないこと
（2）　個人情報保護法に則り、個人情報を適正に取得し管理すること
（3）　職務上知り得た会社の情報を適正に管理し、会社の許可なく第三者に漏洩、業務以外の目的に使用しないこと
3　社員等は、著作権をはじめとする会社が保有する知的財産の保護に最大限配慮する一方、会社以外が保有する知的財産を侵害することのないよう行動しなければならない。

＜法的根拠等＞

・就業規則【服務規律】

・東京都暴力団排除条例　第16条～第20条

・個人情報保護法

・知的財産基本法
・著作権法

第4章　日常における留意事項等

第10条（社員等による報告等）

> 　社員等は、コンプライアンス違反及びリスクの発生に関して、経営に重大な影響を及ぼす可能性のある事案を知ったときは、各部のコンプライアンス担当者に報告するよう努めなければならない。
> 2　コンプライアンス担当者は、社員等から報告の内容が会社の経営に重大な影響を与える可能性のある事案であると判断した場合は、前条に掲げる事務局に報告しなければならない。
> 3　事務局は、コンプライアンス担当者から前項の報告を受けた場合、可能な限り事実関係を調査し、必要に応じてコンプライアンス責任者及びコンプライアンス担当役員に報告しなければならない。

・コンプライアンス担当者
　　⇓　報告義務
・コンプライアンス事務局

第11条（対策チーム）

> 　コンプライアンス責任者は、コンプライアンス違反及びリスクの発生に関して、経営に重大な影響を与える可能性のある事案が確認された旨の報告を受けた場合、コンプライアンス担当役員に指示し、対策チームを設置する。
> 2　対策チームは、情報の収集、対応策の検討、関係部署との連絡等必要な一切の業務を行う。

□対策チームの設置
　　⇑
　予め決めておく

第 12 条（教育等）

> 　　会社は、第3章に掲げる行動基準と適正な業務遂行に向けて、以下に掲げる具体的な取扱い等の理解と遵守のために、社員等の教育研修を行う。
> (1)　「会社行動指針」について
> (2)　個人情報保護法について
> (3)　情報システム基本方針について
> (4)　情報セキュリティについて
> (5)　公益通報者保護法について
> (6)　財務報告に係る内部統制綱領について
> (7)　各社内規則・規程等について

＜法的根拠等＞

□教育研修担当部門の設置

□規則・規程等の例
・公益通報者保護規程（内部通報制度）
・個人情報保護管理規程

第 13 条（処分等）

> 　　社員等が本規則に違反した場合、社内諸規則等に基づき処分する場合がある。

□就業規則の「懲戒処分」の例
・譴責
・減給
・出勤停止
・諭旨解雇
・懲戒解雇　等

第 14 条（改　廃）

> 　　本規則の改廃は、取締役会の決裁により行う。

・会社の実態に則した会議体の名称にすること

第 15 条（施　行）

> 　　本規則は、令和6年○月○日より施行する。

2 規程管理規程

<法的根拠等>

第1章　総　則

第1条（目　的）

> この規程は、株式会社○○○○（以下、「会社」という）の諸規程の制定、改廃及び運用について必要な事項を定め、業務管理の正常化及び合理化を図ることを目的とする。

第2条（規程の定義）

> 規程とは、その形式、名称、公布範囲の如何を問わず、業務及び職務などに共通する基本的事項を定めたもので、成文化されたものをいう。

〔参考〕
「規程」とは、「規則」と同様一定目的のために定められた一連のルールの総体を指す用語です。○○規程等社内で定めるべき事項の総体に用いられることがあります。
（契約用語使い分け辞典／新日本法規）

第3条（遵守義務）

> 規程は、会社の業務の適正かつ円滑な運用を図るための基準であり、厳正に遵守されなければならない。

第4条（規程の周知徹底）

> 各部門の責任者は、規程の周知徹底にあたるとともに、適正な運用管理に努めなければならない。

□規程
・規則（付属規則）
・規程（付属規程）
・細則、内規
・マニュアルその他関係

第5条（規程の保存）

> 本規程に定めのある各規程の保存については、別に定めのある「文書・電子文書等取扱規則」の文書保存期間一覧表に記載のとおりとする。

□「文書・電子文書取扱規則」参照

第6条（疑義の裁定）

> 規程の適用に関し疑義が生じたときは、総務部が関係部門の責任者と協議のうえ、これを裁定する。

第2章　規程の種類及び効力

第7条（規程の種類）

> 規程の種類は、次のとおりとする。また、各規程の詳細は別表「規程等一覧表」のとおりとする。
> (1) 基本規程
>   　定款をはじめ、会社の経営の基本となる事項又は業務運営の基本となる事項を定めたものをいう
> (2) 組織関係規程
>   　会社の組織体系及び職位、職務権限などの組織運営について定めたものをいう
> (3) 経理関係規程
>   　会社の経理業務に関する基本的なルールを定めたものをいう
> (4) 総務関係規程
>   　社内で取り扱う印章及び文書等についてルールを統一し、業務運営を円滑に管理するものをいう
> (5) 人事関係規程
>   　社員の処遇及びルールなどについて具体的に定めてあるものをいう
> (6) コンプライアンス規程
>   　組織全体がコンプライアンスに則った行動をとるための基本的な方針を定めたものをいう。また、ハラスメント、ソーシャルメディアに関する規程等、法令及び社会情勢に合わせてルールが明確化されていく分野もある

<法的根拠等>

□規程の種類
・基本規程
定款、取締役会規則、株式取扱規程など

・組織関係規程
組織規則、職務分掌規則、職務権限規則、稟議規則など

・経理関係規程
経理規則、取引先管理規則など

・総務関係規程
規程管理規程、印章管理規程など

・人事関係規程
社員就業規則、契約社員就業規則、社員賃金規則など

・コンプライアンス規程
コンプライアンス及びリスク管理等に関する規則など
・ハラスメント防止規程

第8条（規程の取扱い）

> 規程は、原則として「社外秘」として取り扱う。

<法的根拠等>

□「秘密」

第9条（効力の発生及び消滅）

> 規程の効力は、各規程の附則に定める施行日から生じ、廃止日に消滅する。
> 2　新規程を制定したときは、現行規程は特に定めがない限り、新規程の施行日に消滅する。

□「規程の効力」

第10条（効力の順位）

> 規程の効力は、基本規程、組織関係規程、総務・経理管理規程、人事関係規程、コンプライアンス規程、要項・マニュアル類の順位により下位にある規程を拘束する。

第11条（社内通達）

> 社内通達とは、業務執行上の基本方針及び命令、指示等の重要事項並びに規程の制定、改廃及び解釈、運用について文書によって役員及び従業員全員に周知するものをいう。
> 2　通達は、関係規程の拘束範囲内で、規程と同一の効力を有する。
> 3　規程に定めのない事項については、通達が規程と同一の効力を有する。

□「通達」
告げ知らせること。
上級機関が所管の機関・職員に対して発する指示の通知。
（広辞苑／岩波書店）

第12条（社内通達の種類）

> 社内通達の種類は、次のとおりとする。
> (1) 社長通達
>   諸規程の公布及び経営方針、組織及び重要な業務処理の指示についての通達をいう
> (2) 人事通達
>   人事及び人事諸施策についての通達をいう
> (3) 部門通達
>   業務手続き等について所管部門からの通達をいう

第3章　規程の制定、改廃、運用

第13条（規程の制定及び改廃）

> 　規程の制定は、関係部門の責任者が立案して総務部に申請し、下記のとおり決定する。
> (1) 基本規程のうち取締役会規則は、取締役会の承認を得る
> (2) 上記を除いた規程は、特殊なものを除き、取締役会（又は役員会）の承認を得る
> 2　規程の改廃は、関係部門の責任者が立案して総務部に申請し、前項に準じて決定する。
> 3　基本規程のうち定款については、株主総会の承認を得てこれを決定し、取締役会規則については、取締役会の審議に基づき社長が決定する。
> 4　規程の制定及び改廃に関する事務手続きは、総務部が行う。

＜法的根拠等＞

・取締役会規則

<法的根拠等>

第14条（規程の運用）

> 関係部門の責任者は、規程の適正な運用に当たるとともに、改廃の必要事由が生じたときは、総務部と協議のうえ、本規程に定める手続きにより速やかに改廃し、業務の正常化を図らなければならない。

第4章　規程の配布、保管

第15条（公布方法）

> 　制定又は改廃が決定された規程は、通達に次の事項を明記のうえ、総務部より公布又は周知する。
> (1)　規程の名称
> (2)　制定年月日又は改廃年月日
> (3)　所管部門
> 2　前項の定めにかかわらず特定の規程については、公布に代えて関係者に周知する。
> 3　通達の公布方法は、次のとおりとする。
>   (1)　社長通達、人事通達
>   　総務部より電子情報で掲示又は配布する
>   (2)　部門通達
>   　各業務の所管部門より電子情報で掲示又は配布する

□「公布」
・広く告げ知らせること。
・（法）成立した法律・命令・条約を発表し、国民に周知させること。
（広辞苑／岩波書店）

□「電子情報」
電子的に保存されている情報に関するものを指し、電子的に保存されているとは、電子的媒体（磁気ディスク、光ディスク等）に記録された情報をいう。

第16条（配布・保管・管理）

> 　規程及び要項・マニュアル類は、電子情報として掲示、配布、保管並びに管理する。
> 2　保管・管理責任者は、総務部とする。
> 3　効力を有する規程の保存年限は、永久とする。

□「規程の保存」
「文書・電子文書等取扱規則」参照

第5章　その他

第17条（規程の整備）

> 各部門の責任者は、規程集を少なくとも年1回は見直し、これを整備しておかなければならない。

第18条（規程の様式）

> 規程の様式は、原則として下記のとおりとする。
> (1)　書式は、A4縦サイズに横書きとする
> (2)　文字の大きさは、10.5ポイントとする
> (3)　表紙、目次、章、条、項、号のレイアウトは、この規程の様式を準用する
> (4)　文章の表記は、常用漢字、現代仮名遣いを用い、簡潔明瞭に表現し、この規程の様式を準用する

第19条（主　管）

> この規程は、総務部が主管する。

第20条（改　廃）

> 本規程の改廃は、取締役会の決裁により行う。

第21条（施　行）

> この規程は、令和6年○月○日より施行する。

【別表】「規程等一覧表」

1	基本規程	1	定款
		2	取締役会規則
		3	役員会規則
		4	株式取扱規程
		5	経営会議規程
2	組織関係規程	1	組織規則
		2	職務分掌規則
		3	職務権限規則
		4	稟議規則
		5	権限明細表
		6	株式会社〇〇〇〇社員会規約
3	経理関係規程	1	経理規則
		2	取引先管理規則
		3	予算管理規則
4	総務関係規程	1	規程管理規程
		2	安全衛生管理規則
		3	ストレスチェック制度実施要綱
		4	有価証券管理要領
		5	印章管理規程
5	人事関係規程	1	社員就業規則
		2	契約社員就業規則
		3	社員賃金規則
		4	社員賞与支給規則
		5	社員退職金支給規則
		6	出張旅費規則
		7	育児休業規則
		8	介護休業規則
		9	社有車使用規則
		10	懲罰委員会規則
		11	労働災害上積補償規則
		12	テレワーク勤務規程

6	コンプライアンス規程	1	コンプライアンス及びリスク管理等に関する規則
		2	公益通報者保護規則
		3	個人情報保護管理規程
		4	情報管理規則
		5	ハラスメント防止規程

3 文書・電子文書等取扱規則

- 「民間事業者等が行う書面の保存等における情報通信の技術の利用に関する法律」及び
「民間事業者等が行う書面の保存等における情報通信の技術の利用に関する法律の施行に伴う関係法律の整備等に関する法律」（2つの法律を総称したものを、以下「電子文書法」という）
- 電子計算機を使用して作成する国税関係帳簿書類の保存方法等の特例に関する法律
（以下「電子帳簿保存法」という⇒2024年1月から電子取引のデータ保存を完全義務化）
- 関係法令
（商法、会社法、所得税法施行規則、法人税法施行規則、労働基準法及び労働基準法施行規則）

第1章　総　則

<法的根拠等>

第1条（目　的）

　　本規則は、株式会社〇〇〇〇（以下「会社」という）における文書の保存、管理に必要な基準を定め、適正かつ円滑な文書の保存、管理を図ることを目的とする。

第2条（適用文書の範囲）

　　本規則は、業務を遂行する過程で作成又は取得した書類、規程、稟議書、契約書、注文書、報告書、図表、伝票、帳簿、その他会社業務に必要な一切の記録で、一定期間の保存を要するものに対して適用する。
2　電子文書の取扱い及び電子帳簿保存法に基づく電子帳簿の保存の取扱いについては、それぞれ第3章、第4章で定める。

□電子文書
電子文書法第1条（目的）

□電子帳簿の保存
電子文書法第3条（電磁的記録による保存）

□電子帳簿保存法

第3条（私有禁止）

　　業務を遂行する過程で作成又は入手した文書は、管理者を明らかにしなければならない。また、文書の所有権その他の一切の権利は会社に帰属し、従業員及び役員は私有してはならない。

第4条（文書の主管）

　　文書管理の主管部署は、総務部又は経理部とする。

□経理関係文書（⇒経理部）
□総務関係及び経理関係以外の文書（⇒総務部）

<法的根拠等>

第5条（取扱担当者）

> 各部門内では、部門の責任者の指名により文書取扱担当者を定め、その者は各部門内の文書につき整理、保管、保存及び廃棄の事務を、本規則の定めにより行う。ただし、現に使用中の文書の整理、保管は各担当者が行う。

第6条（文書の保存期間と区分）

> 文書の保存期間は、原則として別表（「文書保存期間一覧表」）による。

□「文書保存期間一覧表（別表）」

第2章　文書の取扱い

第7条（保存の方法）

> 保存文書は、会計年度ごとに所管部署においてファイルし、文書名、作成期間等、文書保存に必要な事項を明記し、保存する。

□保存年限
・法定保存期間
（商法、会社法、所得税法施行規則、法人税法施行規則、労働基準法及び労働基準法施行規則）

第8条（保存場所）

> 部門長は、必要な文書を分類、整理し、保存棚又は倉庫等に保存しなければならない。
> 2　機密文書等の特に重要な文書は、鍵のかかる場所又は倉庫等に保存し、紛失、盗難を避けなければならない。

第9条(保存場所の整理)

> 各部門では、業務を遂行するために必要な文書は、常時、確実に保存され、必要時は直ちにこれを取り寄せることができ、業務に支障がないように努めなければならない。

第10条(保存期間の変更)

> 文書の保存期間は、必要に応じ関係部署と協議のうえ、保存期間の短縮又は延長をすることができる。

第11条(保存文書の移管)

> 組織、分掌の変更等により保存文書の移管の必要が生じたときは、関係部署と協議のうえ、文書の引継ぎを行い、その保管場所を明らかにする。

第12条(文書保存の管理責任者)

> 文書保存の管理責任者(以下「管理責任者」)は、総務部長又は経理部長とする。

□総務部長は、主として「電子帳簿保存法」に基づく帳簿書類等の範囲とする。

第13条(保存文書の廃棄)

> 保存期間を経過した文書は、機密の漏洩及び悪用を防ぐため、原則として焼却、溶解、シュレッダー等による細断のいずれかにより廃棄する。

第3章　電子文書の取扱い

第14条（電子文書の保存方法）

> 電子文書は次のいずれかの媒体により保存する。
> (1)　社内のアクセス権限を設けたオンプレミスサーバー
> (2)　クラウドサーバー若しくは各システム委託先のサーバー

第15条（電子文書保存の管理責任者）

> 電子文書保存の管理責任者（以下「管理責任者」）は、総務部長又は経理部長とする。

第16条（電子文書の廃棄）

> 保存期間を経過した文書は、機密の漏洩及び悪用を防ぐため、ファイルフォルダからの完全削除により廃棄する。

<法的根拠等>

□電子文書
電子文書法第1条（目的）
「この法律は、…民間事業者等が行う書面の保存等に関し、電子情報処理組織を使用する方法その他の情報通信の技術を利用する方法（以下「電磁的方法」という。）により行うことができるようにするための共通する事項を定めることにより…書面の保存に係る負担の軽減等を通じて国民の利便性の向上を図り…」

「書面」書面、書類、文書、謄本、抄本、正本、副本、複本その他文字、図形等人の知覚によって認識することができる情報が記載された紙その他の有体物をいう。（第2条定義）

※オンプレミスサーバー
自社で保有し、運用している物理サーバー

※クラウドサーバー
インターネットを介して利用できる仮想サーバー

第4章　電子帳簿保存の取扱い

第17条（電子帳簿の対象書類）

> 電子帳簿保存法に基づく、法人税法等で電子保存義務が規定されているものは、次のとおりである。
> (1) 決算書類
>   貸借対照表・損益計算書・財務諸表・有価証券報告書・棚卸表・清算書等
> (2) 会計帳簿
>   仕訳帳、総勘定元帳、売上帳、仕入帳、得意先元帳、売掛帳、買掛帳、現金出納帳、銀行元帳、手形帳、固定資産台帳、経費帳、貸付金明細、借入金明細等
> (3) 取引に係る証憑
>   契約書、見積書、請求書、納品書、送り状、注文書、注文請書、領収書、検収書、受領書等

第18条（電子帳簿の取扱い）

> 法人税法等で規定されている国税関係帳簿書類の電子データの保存は、下記の方法で作成されたものとする。
> (1) 会計ソフト等を使用して作成した書類
> (2) パソコン等の電子端末を用いて作成した書類
> (3) 記録の段階から一貫してパソコン等を利用して作成したものに限る
> 2　前項に加え、原則として電子データの保存要件として次の事項を満たすものとする。

＜法的根拠等＞

□電子帳簿の保存
電子文書法第3条（電磁的記録による保存）
民間事業者等は、「保存」のうち当該保存に関する他の法令の規定（⇒**電子帳簿保存法**）により書面により行わなければならないとされているもの…については…主務省令で定めるところにより、書面の保存に代えて当該書面に係る電磁的記録の保存を行うことができる。

□スキャナ保存制度
スキャナ保存制度は、取引の相手先から受け取った請求書等、自らが作成した請求書等の写しなどの国税関係書類について、書面による保存に代えて、スキャンした電子データによる保存を認める制度です。
※タイムスタンプの保存

□電子帳簿保存法
（2024.1.1 施行）

> (1) 使用する保存システムの次の関係書類等の備え付け
> 　① システム概要書
> 　② システム仕様書
> 　③ 操作マニュアル
> 　④ 事務手続きに関する書類
> 　ただし、他社が開発したプログラムを利用している場合は①並びに②は不要、さらに事務処理を外部に委託している場合には③も不要となる。
> (2) 電子データ出力の見読性の確保
> 　① ディスプレイに投影可能であること
> 　② プリンター出力により紙に印刷可能であること
> (3) 税務調査時に調査員の必要なデータの抽出に対応できること

<法的根拠等>

□ スキャナ保存制度

□ 「スキャナによる電子化保存規程」

第5章　附　則

第19条（罰　則）

> 従業員が、故意又は重大な過失により、本規則に違反した場合は、就業規則に照らして処分を決定する。役員は、取締役会において処分を決定する。

第20条（改　廃）

> 本規則の改廃は、取締役会の決議により行う。

〔参考〕
・「改正」は、規程全体を捉え、規程中の個々の条文の内容に変更がある旨を述べること
・「改める」は、個々の条文に記載されている内容を変更すること

第21条（施　行）

> 本規則は、令和6年○月○日より施行する。

<法的根拠等>

□「施行」
ある条項の効力を発動させること

<法的根拠等>

【別表・文書保存期間一覧表】

Ⅰ　永久保存文書
　1．定款、株主名簿、株券・社債等に関する原簿
　2．登録済書（権利証）など登記、訴訟関係書類
　3．官公署への提出文書、官公署の許可書・認可書・通達などで重要な書類
　4．特許、実用新案、意匠、商標など工業所有権に関する特許料・登録料納付受領書及び特許・登録証などの関係書類
　5．効力の永続する契約に関する書類
　6．重要な権利及び財産の得喪・保全・解除及び変更に関する文書
　7．製品の開発・設計に関する重要文書
　8．稟議書、重要決裁文書

Ⅱ　10年保存文書
　1．商業帳簿及びその営業に関する重要書類（貸借対照表・損益計算書・営業報告書・付属明細書・監査報告書、総勘定元帳、各種補助簿、株式割当簿、株式台帳、株主名義書換簿、配当簿等）
　2．株主総会議事録
　3．取締役会議事録・監査役会議事録
　4．重要会議議事録
　5．満期又は解約となった契約書
　6．製品の製造・加工・出荷・販売の記録

<法的根拠等>

Ⅲ　7年保存文書
1．仕訳帳、現金出納帳、固定資産台帳、売掛帳・買掛帳、経費帳など取引に関する帳簿
2．棚卸表など決算に関する書類
3．領収証、預金通帳、借用証、小切手・手形控、振込通知書などの取引証憑書類
4．有価証券の取引に際して作成された証憑書類
5．資産の譲渡、課税仕入れ等に関する帳簿
6．課税時期に所有する土地等の地目、面積、所有地等を記録した帳簿
7．給与所得者の扶養控除（異動）申告書、給与所得者の配偶者特別控除申告書、保険料控除申告書
8．源泉徴収簿（賃金台帳を兼ねたもの）

Ⅳ　5年保存文書
1．有価証券届出書・有価証券報告書及び添付書類・訂正届出書の写し
2．契約期限を伴う覚書・念書・協定書などの文書
3．健康診断の実施及び結果に関する書類
4．従業員の身元保証書、誓約書などの文書

Ⅴ　4年保存文書
1．雇用保険被保険者資格取得等確認通知書、同資格喪失確認通知書、同離職証明書、同転勤届受理通知書などの雇用保険の被保険者に関する書類

	<法的根拠等>
Ⅵ　3年保存文書 　1．半期報告書及びその訂正報告書の写し 　2．官公署関係の簡易な認可・出願などの文書 　3．社内規定・通報の改廃に関する書類 　4．軽易な契約関係書類 　5．業務日報 　6．什器・備品台帳 　7．賃金台帳、労働者名簿　※ 　8．雇入れ、解雇、退職に関する書類　※ 　9．災害補償に関する書類　※ 　10．労災保険に関する書類 　11．労働保険の徴収・納付等の関係書類 　12．派遣元管理台帳・派遣先管理台帳 　13．身体障害者雇用関係書類	※労働基準法第109条 （記録の保存） 5年間保存⇒当分の間は「3年間」の保存 具体的な書類については次ページ参照
Ⅶ　2年保存文書 　健康保険・厚生年金保険に関する書類（健康保険・厚生年金保険被保険者資格取得確認通知書、同資格喪失確認通知書、標準報酬月額決定通知書など）	
Ⅷ　1年保存文書 　1．軽易な通知書類、調査書類、参考書類 　2．社内報告制度による日報・週報・月報等 　3．出勤簿 　4．住所・姓名変更届	

3　文書・電子文書等取扱規則

<法的根拠等>

【参考】
労働基準法第109条（記録の保存）に関する具体例

保存書類	具体例
雇入れに関する書類	雇入決定関係書類、契約書、労働条件通知書、履歴書、身元引受書等
解雇に関する書類	解雇決定関係書類、解雇予告除外認定関係書類、予告手当又は退職手当の領収書等
災害補償に関する書類	診断書、補償の支払、領収関係書類等
賃金に関する書類	賃金決定関係書類、昇給・減給関係書類等
その他労働関係に関する重要な書類	出勤簿、タイムカード等の記録、労使協定の協定書、各種許認可書、始業・終業時刻などの労働時間の記録に関する書類、退職関係書類、休職・出向関係書類、事業内貯蓄金関係書類等

（令和3年版 労働基準法　労働法コンメンタール）

・保存義務を課されている書類については、次のいずれかの方法により、電子データとして保存管理が必要。
　（1）電子的に作成・授受した帳簿・書類はデータのまま保存
　（2）紙で作成・受領した書類はスキャンし、画像データとして保存
　　上記に加えて、電子データの改ざん防止のためタイムスタンプの付与が必要になることがある。
・タイムスタンプとは、電子データに付与される日付・時刻で、信頼性を証明する技術です。電子帳簿保存法における、電子データでの保存を認める要件を満たすためには、その電子データが「ある時刻に存在し、それ以降改ざんされていない原本書類である」という信頼性を担保する必要があります。タイムスタンプは、電子データのその信頼性を簡単かつ確実に確認できる仕組みです。

4 スキャナによる電子化保存規程

（参考：電子帳簿保存法一問一答【スキャナ保存関係】による事務処理規程の例）

電子帳簿保存法第4条に基づくスキャナ保存制度により、取引の相手先から受け取った請求書等及び自己が作成したこれらの写し等の国税関係書類（決算関係書類を除く。）について、一定の要件の下で、書面による保存に代えて、スキャン文書による保存が認められています。

・スキャナ保存制度パンフレット（「パンフレット」）
　／2023年7月　国税庁
・電子帳簿保存法一問一答【スキャナ保存関係】(「パンフレット」)
　／2024年6月　国税庁

　［税務コンプライアンスについて］
　『現在、国税当局の大規模法人の税務調査に当たっては企業の税務コンプライアンスの判定を行うようになってきました。これは国税庁が税務に関するコーポレートガバナンス（以下、「税務CG」という。）の状況が良好であり調査必要度が低いと認められる法人に対しては、調査の頻度を緩和する取り組みをしているからです。企業のトップマネジメントが、税務・会計にどのような関与をし、税務CGの向上を図っているか、経理や監査部門の体制や機能、内部牽制の図られる会計処理手続きの整備、不適切な行為を行った社員等の処分規定の有無などを総合勘案され判断されます。判定の結果が「優良」とされれば、調査頻度は緩和されるのです。』

（出典）「改正電子帳簿保存法完全ガイド（平成28年度改正対応）」
税理士袖山喜久造　著／税務研究会出版局

第1章　総　則

第1条（目　的）

　この規程は、紙による国税関係書類について公益社団法人日本文書情報マネジメント協会（JIIMA）認証のソフトウェア（以下「本システム」という。）を活用して、スキャナによる電子化を安全かつ合理的に図るための事項を定め、適正に利用、保存することを目的とする。

第2条（定　義）

　この規程において、次の各号に掲げる用語の定義は、当該各号の定めによる。
(1)　電子化文書
　　紙文書を電子化した文書をいう
(2)　管理責任者
　　本システムを円滑に運用するための責任者をいう
(3)　真実性を確保するための機能
　　電子化文書の故意又は過失による虚偽入力、書換え、消去及び混同を未然に防止し、かつ、改ざん等の事実の有無が検証できる機能をいう
(4)　機密性を確保するための機能
　　電子化文書へのアクセスを制限すること、アクセス履歴を記録すること等により、アクセスを許されない者からの電子化文書へのアクセスを防止し、電子化文書の盗難、漏洩、盗み見等を未然に防止する形態で保存・管理される機能をいう

<法的根拠等>

□「スキャナ」とは
書面（紙）の国税関係書類を電磁的記録に変換する入力装置をいい、いわゆる「スキャナ」や「複合機」として販売されている機器が該当することになります。また、例えば、スマートフォンやデジタルカメラ等についても、上記の入力装置に該当すれば、「スキャナ」に含まれることになります。
（一問一答）

□公益社団法人日本文書情報マネジメント協会（JIIMA）
市販のソフトウェア及びソフトウェアサービスを対象に、電子帳簿保存法における要件適合性の認証を行っている。

(5) 見読性を確保するための機能
　　電子化文書の内容を必要に応じ電子計算機その他の機器を用いて検索し、画面又は書面に直ちに出力できるよう措置される機能をいう

第3条（運用体制）

　総務部又は経理部における本システムの運用にあたっては、管理責任者及び作業担当者を設定し、職務分掌によりこれを定める。
2　管理責任者は、電子化文書を作成する作業担当者を管理し、電子化文書が法令等の定めに基づき、効率よく作成されることに責任をもつ。
3　管理責任者は、電子化文書の作成を外部委託する場合、外部委託業者が電子化文書作成に必要な法令等の知識と技能を持つことを確認し、これを条件に業務を委託することができる。

第4条（利用者の責務）

　本システムの利用者は以下の責務を負う。
(1) 自身のIDやパスワードを管理し、これを他人に利用させない
(2) 本システムの情報の参照や入力（以下「アクセス」という。）に際して、IDやパスワードによって、本システムに利用者自身を認識させる
(3) 与えられたアクセス権限を越えた操作を行わない
(4) 参照した情報を目的外に利用しない
(5) 顧客及び関係者のプライバシーを侵害しない

第2章　対象書類及び入力の時期

第5条（対象書類）

> 　　スキャナにより電子化する書類は、次の各号の定めによる。
> (1)　契約書
> (2)　領収書
> (3)　請求書
> (4)　納品書
> (5)　見積書（控）
> (6)　注文書（発注書）
> (7)　検収書
> 2　前項第5号から第7号に定める書類は、これらを併せて、以下「一般書類」という。

第6条（入力の時期）

> 　　第5条各号に定める書類については、書類を取得後、次の時期に入力する。
> (1)　契約書、領収書
> 　　　速やか（おおむね7営業日以内）に入力
> (2)　請求書、納品書
> 　　　毎月末までに受領したものを、翌々月7日までに入力
> (3)　見積書（控）、注文書（発注書）、検収書
> 　　　1月から6月までに受領したものは8月末までに、7月から12月までに受領したものは翌年2月末までに入力

＜法的根拠等＞

□ スキャナ保存を行うためのルール「書類の区分」

○ 重要書類（資金や物の流れに直結・連動する書類）
→ 契約書、納品書、請求書、領収書など

○ 一般書類（資金や物の流れに直結・連動しない書類）
→ 見積書、注文書、検収書など
（パンフレット）

□ 一般書類向けのルールを採用する場合は、事務の手続（責任者、入力の順序や方法など）を明らかにした書類を備え付ける必要があります
（パンフレット）
→（※1）備え付けることにより第6条、第12条、第13条に解説記載の処理が可能になります。

□ スキャナ保存を行うためのルール「入力期間の制限」
・次のどちらかの入力期間内に入力すること
① 書類を作成または受領してから、速やか（おおむね7営業日以内）にスキャナ保存する（早期入力方式）
② それぞれの企業において採用している業務処理サイクルの期間（最長2か月以内）を経過した後、速やか（おおむね7営業日以内）にスキャナ保存する（業務処理サイクル方式）

第7条（スキャニング処理）

> 作業担当者は、本システムを活用し、スキャニング処理を実施する。なお、帳票ごとに1ファイルにするとともに、裏面のスキャナ漏れがないよう留意する。
> 2　作業担当者は、スキャン枚数及びスキャン画像を目視にて確認する。
> 3　作業担当者は、正確にスキャニングされていることを確認した後に、画像（電子化文書）及びＣＳＶ（検索項目）をサーバに転送し、管理責任者にこれを引き継ぐ。
> 4　管理責任者は電子化文書の確認を速やかに行う。
> 5　管理責任者は、本規程第10条第2項第1号に定めるタイムスタンプを付与し、本システムに登録する。

第8条（電子化文書の保存）

> 本システムにより電子化されたデータは、国税に関する法律の規定により保存しなければならないとされている期間まで保存する。

第9条（電子化文書の消去）

> 作業担当者は、保存期間が満了した電子化文書の一覧を作成し、管理責任者に連絡する。
> 2　管理責任者は、保存期間が満了した電子化文書の一覧を基に、該当するデータの消去を行い、消去結果を記録する。

＜法的根拠等＞

※②の業務処理サイクル方式は、企業において書類を作成または受領してからスキャナ保存するまでの各事務の処理規程を定めている場合のみ採用できます。
（※1）一般書類の場合は、入力期間の制限なく入力することもできます。
（パンフレット）

□スキャナ保存を行うためのルール「速やかに出力すること」
・スキャナデータについて、次の①～④の状態で速やかに出力することができるようにすること
① 整然とした形式
② 書類と同程度に明瞭
③ 拡大又は縮小して出力することができる
④ 4ポイントの大きさの文字を認識できる
（パンフレット）

□「タイムスタンプ」とは電子データがある時点に存在していたこと及び当該電子データがその時点から改ざんされていないことを証明する情報
（一問一答）

□スキャナ保存を行うためのルール「帳簿との相互関連性の確保」
・スキャナデータとそのデータに関連する帳簿の記録事項との間において、相互にその関連性を確認することができるようにしておくこと（※一般書類は不要）
（パンフレット）

第3章　機能要件

第10条（管理機能等）

　本システムによる電子化文書の作成及び管理機能は、次の定めによる。
(1) データフォーマット
　　電子化文書のデータフォーマットは、BMP、TIFF、PDF 又は JPEG とする
(2) 階調性の確保
　　画像の階調性を損なうような画像補正は行わない
(3) 画像品質の確保
　　電子化文書の画像は、本規程第13条の定めにより確認できること
(4) 両面スキャン
　　電子化文書の作成に当たっては、原則として、両面をスキャンする。ただし、裏面に記載のないものなどについては、この限りではない
2　真実性を確保するための機能は、次の定めによる。
(1) タイムスタンプ
　　総務大臣認定のタイムスタンプサービスを利用し、電子化文書には本規程第6条各号に定める時期までにタイムスタンプを付与し、当該電子化文書の作成時期の証明及び改ざん等の事実の有無を検証できるようにする。なお、課税期間中の任意の期間を指定して当該期間内に付与したタイムスタンプについて、一括して検証できるようにする
(2) ヴァージョン管理
　　記録した電子化文書のヴァージョン管理を行うに当たり、当初に記録した電子化文書を第1版とし、その後に訂正又は削除が行われても第1版の内容を保持する。

＜法的根拠等＞

□データフォーマット
・BMP
・TIFF
・PDF
・JPEG

・階調
画像などにおける濃淡の変更の度合い。グラデーション。

□スキャナ保存を行うためのルール「タイムスタンプの付与」
・入力期間内に、総務大臣が認定する業務に係るタイムスタンプ（※1）を、一の入力単位ごとのスキャナデータに付すこと
※1　スキャナデータが変更されていないことについて、保存期間を通じて確認することができ、課税期間中の任意の期間を指定し、一括して検証することが

	<法的根拠等>

3　機密性を確保するための機能は、次の定めによる。
　(1)　アクセス管理
　　　情報の利用範囲、更新履歴、機密度等に応じた管理区分を設定するとともに、情報にアクセスしようとする者を識別し認証できること
　(2)　不正アクセスの排除
　　　不正なアクセスを排除できること
　(3)　利用ログ管理
　　　本システムの管理責任者は、ログの情報等を利用して不正なアクセスの防止をすること
4　見読性を確保するための機能は、次の定めによる。
　(1)　検索機能
　　　記録されている電子化文書に検索のために必要な情報（検索項目）を付加し、かつ、その検索項目を活用して該当する電子化文書を抽出できること
　(2)　検索項目設定機能
　　　検索項目に、①取引日付、②取引金額、③取引先名称が設定でき、日付又は金額の項目は範囲指定を可能とし、任意の2項目以上の検索項目を組み合わせて検索できること
　(3)　帳簿との関連性を確保する機能
　　　電子化文書には、管理用通番として伝票番号を付し、帳簿に記載される内容と関連付けを行う。ただし、一般書類については、帳簿との関連性を確保する機能を備える必要はない
　(4)　整然とした形式で速やかに紙出力する機能
　　　記録されている電子化文書及びログ等の管理情報をデータフォーマットの種類にかかわらずディスプレイ及びプリンタに整然とした形式で国税関係書類と同程度の明瞭さを確保しつつ速やかに出力ができること

できるものに限ります
※2　入力期間内にスキャナ保存したことを確認できる場合には、このタイムスタンプの付与要件に代えることができます。
（パンフレット）

□スキャナ保存を行うためのルール「ヴァージョン管理」
・スキャナデータについて訂正・削除の事実やその他に要確認することができるシステム等又は訂正・削除を行うことができないシステム等を使用すること
（パンフレット）

□スキャナ保存を行うためのルール「検索機能の確保」
・スキャナデータについて、次の要件による検索ができるようにすること
①　取引年月日その他の日付、取引金額及び取引先での検索
②　日付又は金額に係る記録項目について範囲を指定しての検索
③　2以上の任意の記録項目を組み合わせての検索
※税務職員による質問検査権に基づくスキャナデータのダウンロードの求めに応じることができるようにしている場合には、②及び③の要件は不要
（パンフレット）

(5) 4ポイント文字が認識できる機能

　　本システムは JIS X 6933 又は ISO12653-3 テストチャートの4ポイント文字が認識でき、電子化文書を拡大縮小表示できること

第4章　機器の管理と運用

第11条（機器の管理）

> 　　本システムの機器の管理及び運用に関する基準を遵守する。
> 2　電子化文書の情報が十分に保護されるように記録媒体の二重化、バックアップの採取等を行う。また、品質劣化が予想される記録媒体については定期的に記録媒体の移し替え等を行う。
> 3　外部ネットワーク接続により、不正アクセスによる被害及びウィルスによる被害が発生しないように対策を施す。

□スキャナ保存を行うためのルール「システム概要書等の備付け」
・スキャナ保存するシステム等のシステム概要書、システム仕様書、操作説明書、スキャナ保存する手順や担当部署などを明らかにした書類を備え付けること
（パンフレット）

第12条（入力装置の設定）

> 　　入力装置の設定は、次の定めによる。
> 　　ただし、一般書類に係る階調はグレースケールとしてもこれを認める。
> (1)　解像度
> 　　　200dpi 以上とする
> (2)　階調
> 　　　電子化文書は赤、緑、青の各色256階調（24ビット／ピクセル）とする

□スキャナ保存を行うためのルール「一定の解像度による読み取り」
・解像度 200dpi 相当以上で読み取ること

「カラー画像による読み取り」
・赤色、緑色及び青色の階調がそれぞれ256階調以上（24ビットカラー）で読み取ること
（※1）一般書類の場合は、白黒階調（グレースケール）で読み取ることもできます
（パンフレット）

第13条（出力装置の設定）

> 出力装置の設定は、次の各号の定めによる。
> ただし、一般書類については、次の第2号及び第3号の階調及び印刷装置をグレースケール以上の能力を持つ表示装置及びプリントできる印刷装置としてもこれを認める。
> (1) 表示装置のサイズ
> 　　14インチ以上の表示装置とする
> (2) 表示装置の階調
> 　　赤、緑、青の各色256階調（24ビット/ピクセル）以上の能力を持つ表示装置とする
> (3) 印刷装置の解像度及び階調
> 　　印刷装置はカラープリントができるもの

＜法的根拠等＞
- □スキャナ保存を行うためのルール「見読可能装置等の備付け」
- ・14インチ（映像面の最大径が35cm）以上のカラーディスプレイ及びカラープリンタ並びに操作説明書を備え付けること
- （※1）白黒階調（グレースケール）で読み取った一般書類は、カラー対応でないディスプレイ及びプリンタでの出力で問題ありません
（パンフレット）

第5章　書類の管理等

第14条（書類の受領）

> 　取引先から本規程第5条の対象書類を受領した業務責任者は、各書面の内容に誤りがないことを確認した後に、対象書類を経理責任者に引き継ぐ。
> 2　作業担当者は、経理責任者から回付された対象書類をそれぞれごとに分類し、スキャナ用ボックスに保管する。

<法的根拠等>

第15条（原本の廃棄）

> 作業担当者は、スキャニング処理を完了した原本について、管理責任者のチェックが完了するまでの間、一時保管する。
> 2　管理責任者のチェックが完了した原本については、作業担当者が文書管理規程に基づき、これを廃棄し、その旨を管理責任者に連絡する。
> 3　管理責任者は、廃棄結果を記録する。

第16条（改　廃）

> 本規程の改廃は、役員会の決議により行う。

第17条（施　行）

> 本規程は、令和6年○月○日より施行する。

【参考】

■公益社団法人日本文書情報マネジメント協会（JIIMA）認証のスキャナ保存ソフトは、下記URLよりご確認ください。
https://www.jiima.or.jp/certification/denchouhou/software_list/

■総務大臣認定制度によるタイムスタンプの認定事業者（2024年4月1日現在）
・セイコーソリューションズ株式会社
・三菱電機インフォメーションネットワーク株式会社
・アマノ株式会社
・GMOグローバルサイン株式会社

5 公益通報者保護規則（内部通報制度）

公益通報者保護法改正（2022年6月1日施行）
事業者の公益通報対応義務従事者指定の義務化
※常時使用する労働者の数が300人以下の事業者は努力義務

- 改正公益通報者保護法（以下「保護法」という）/2022年6月1日施行
- 公益通報者保護法第11条第1項及び第2項の規定に基づき事業者がとるべき措置に関して、その適切かつ有効な実施を図るために必要な指針（以下「指針」という）／2021年8月20日内閣府告示第118号
- 公益通報者保護法を踏まえた内部通報制度の整備・運用に関する民間事業者向けガイドライン（以下「ガイドライン」という）／2016年12月9日消費者庁
- 公益通報ハンドブック（以下「ハンドブック」という）／消費者庁

第1条（目　的）

本規則は、公益通報者保護法に基づき、組織的又は個人的な法令違反行為等に関する相談又は通報の適正な処理の仕組みを定めることにより、不正行為等の早期発見と是正措置を講じ、コンプライアンス経営の強化を図ることを目的とする。

第2条（従事者等の定義）

本規則で従事者、利用者、通報者とは、次のとおりとする。
(1) 従事者
　　窓口で受け付ける内部公益通報に関して公益通報対応業務を行う者（当該業務に関して公益通報者を特定させる事項を伝達される者）
(2) 利用者
　① 従業員（社員、契約社員、嘱託社員、パート、アルバイト、派遣労働者を含む）
　② 従業員であった者
　③ 役員（取締役、監査役など法人の経営に従事する者）
　④ 取引先事業主等の従業員
(3) 通報者
　　公益通報を、本規則第3条に定める窓口へ通報した者

＜法的根拠等＞

※以下、第1条関係
□「公益通報」とは
企業などの事業者による一定の違法行為を
・労働者（パートタイム労働者、派遣労働者や取引先の労働者などのほか、公務員も含まれます）
・退職後1年以内の退職者
・役員
等が、不正の目的でなく、組織内の通報窓口、権限を有する行政機関や報道機関などに通報することをいいます。

□「公益通報者」はどのように保護されるのか
・公益通報をしたことを理由として事業者が公益通報者に対して行った解雇は無効となります。
・公益通報をしたことを理由として事業者が公益通報者に対して解雇以外の不利益な取扱い（降格、減給、退職金の不支給等）をすることも禁止されます。
・公益通報をしたことを理由として事業者が公益通報者に対して損害賠償を請求することはできません。

□改正ポイント
＊事業者の体制整備の義務化
・事業者内の「通報窓口の設置」
・通報者の「不利益な取扱いの禁止」など
＊事業者の内部通報担当者に守秘義務が課された
＊「公益通報者」として保護される範囲の拡大
＊保護される「通報対象事実（通報の対象となる法令違反）」の範囲の拡大

※以下、第2条関係
□「公益通報対応業務従事者」の指定
従事者とは、内部通報の受付・調査・是正を主体的に行い、

第3条（相談及び通報窓口）

利用者からの相談又は通報を受け付ける窓口は、次のとおりとする。
(1) 内部窓口：総務部
(2) 外部窓口：〇〇法律事務所
2 利用者は、前項に定める窓口のいずれかを選択して、相談又は通報ができる。なお、匿名による相談又は通報も可能とする。

第4条（通報の方法）

通報窓口及び相談窓口の利用方法は、電話、電子メール、書面、又は面会とする。

第5条（調　査）

通報された事項に関する事実関係の調査は、総務部長が従事者として行う。
2 従事者は、調査する内容によって、関連部署等から担当者、又は必要に応じて複数名を選任し、調査チームを設置することができる。

第6条（協力義務）

各部署は、通報された内容の事実関係の調査に際して協力を求められた場合には、調査担当者に協力しなければならない。

＜法的根拠等＞

通報者を特定させる事項を伝達される者をいいます。具体的には、内部通報受付窓口の担当者や責任者などが該当します。
事業者は、従事者を指定する義務があります。（常時使用する労働者数が300人以下の事業者は努力義務）
（保護法11条第1項　事業者がとるべき措置）

☐公益通報をした人を特定できる情報は、従事者以外は扱えません。
（保護法第12条　公益通報対応業務従事者の義務）

※以下、第3条関係
☐内部公益通報受付窓口の設置等
内部公益通報受付窓口を設置し、当該窓口に寄せられる内部公益通報を受け、調査をし、是正に必要な措置をとる部署及び責任者を明確に定める。（指針）

☐内部公益通報受付窓口において受け付ける内部公益通報に係る公益通報対応業務に関して、組織の長その他幹部に関係する事案については、これらの者からの独立性を確保する措置をとる必要があります。（ハンドブック）

☐外部窓口の整備
通報者の匿名性を確保するとともに、経営上のリスクに係る情報を把握する機会を拡充するため、可能な限り事業者の外部に通報窓口を整備することが適当である。（ガイドライン）

※以下、第4条関係
☐通報受領の通知
書面や電子メール等、通報者が通報の到達を確認できない方法によって通報がなされた

第7条（利益相反の回避）

通報を受けて調査を開始する場合、次の者は相談又は通報された事項に関する対応及び調査、並びに本規則第8条に定める是正措置の検討に関与できない。
(1) 法令等の違反行為を行った者
(2) 法令等の違反行為を行おうとしていると指摘された者
2 相談又は通報された事項に関する対応及び調査、並びに本規則第8条に定める是正措置の検討の関与については次の者は除外する。
(1) 法令等の違反行為の発覚するおそれのある者
(2) 実質的に不利益を受けるおそれのある者
3 従業員又は役員は、本規則第3条に定める窓口に相談又は通報された事項につき対応及び調査に関与する時点で、自らが前項に定める者に該当するか否か確認を行い、該当する場合は、従事者に報告しなければならない。
4 第1項又は第2項の報告を受けた場合、従事者は、直ちに当該報告書による関与の可否を判断する。
5 本規則第3条に定める窓口に相談又は通報された事項につき対応及び調査を行う者について、事後的に本条第1項又は第2項に該当することが判明した場合、従事者は直ちに当該者を対応及び調査から外さなければならない。

第8条（是正措置）

調査の結果、不正行為が明らかになった場合には、会社は、速やかに是正措置及び再発防止措置を講じることとする。

＜法的根拠等＞

場合には、速やかに通報者に対し、通報を受領した旨を通知することが望ましい。
ただし、
① 通報者が通知を望まない場合
② 匿名による通知であるため通報者への通知が困難である場合
③ その他やむを得ない理由がある場合
はこの限りでない。（ガイドライン）

※以下、**第5条**関係
□事業者がとるべき措置
・窓口において公益通報の受付
・必要な調査の実施
・是正に必要な措置の実施
・公益通報者が公益通報をしたことを理由に不利益な取扱いを受けていないかの確認
・書面による公益通報について是正措置等を通知する
・公益通報への対応に関する記録を作成・保管すること（ハンドブック）

※以下、**第6条**関係
□調査への協力等
従業員等は、
① 担当部署による調査に誠実に協力しなければならないこと
② 調査を妨害する行為はしてはならないこと等
を、内部規程に明記することが必要である。（ガイドライン）

※以下、**第7条**関係
□公益通報対応業務における利益相反の排除に関する措置
内部公益通報受付窓口で受け付ける内部公益通報に関し行われる公益通報対応業務について、事案に関係する者を公益通報対応業務に関与させない措置をとる。（指針）

※以下、**第9条**関係
□是正措置等の通知に関する措置

第9条（通　知）

> 会社は、通報者等に対して、調査結果及び是正結果について、被通報者（その者が不正を行った、又は行おうとしていると通報された者をいう。）のプライバシーに配慮しつつ、遅滞なく通知する。

第10条（社内処分）

> 調査の結果、不正行為が明らかになった場合には、会社は、当該行為に関与した者に対し、就業規則第○条（服務規律）の定めにより処分を科すことができる。
> 2　通報者又は相談者（以下「通報者等」という。）が、当該調査対象となる不正行為に関与していた場合、懲戒処分その他会社が当該通報者等を処分するに当たり、通報又は相談したことを斟酌し、その不利益処分を軽減することができる。

第11条（通報者等の保護）

> 会社は、通報者等が通報又は相談したことを理由として、通報者等に対して解雇その他いかなる不利益な取扱いも行わない。
> 2　会社は、通報者等が通報又は相談したことを理由として、通報者等の職場環境が悪化することのないように、適切な措置をとることとする。
> 3　通報者等に対して、不利益な取扱い又は嫌がらせ等を行った者（通報者の上司、同僚等を含む。）に対し、会社は就業規則第○条（服務規律）の定めにより懲戒処分を科すことができる。
> 4　従業員及び役員は、通報者等及び調査協力者について探索してはならない。

＜法的根拠等＞

書面により内部公益通報を受けた場合で、
① 当該内部公益通報に係る通報対象事実の中止その他是正に必要な措置をとったときはその旨
② 当該内部公益通報に係る通報対象事実がないときはその旨
を、適正な業務の遂行及び利害関係人の秘密、信用、名誉、プライバシー等の保護に支障がない範囲において、当該内部公益通報を行った者に対し、速やかに通知する。（指針）

※以下、第11条関係
□公益通報者の保護の内容
・労働者が、保護要件を満たして公益通報をした場合、公益通報をしたことを理由とする解雇は無効です。
・役員が、保護要件を満たして公益通報をした場合には、公益通報をしたことを理由とする解任は無効とはなりませんが、公益通報者は解任について損害賠償を請求することができます。
・労働者、退職者、役員に対して、公益通報をしたことを理由に、その他の不利益な取扱いをすることも禁止されています。（ハンドブック）

□不利益な取扱いの防止に関する措置
イ　事業者の労働者及び役員等が不利益な取扱いを行うことを防ぐための措置をとるとともに、公益通報者が不利益な取扱いを受けていないかを把握する措置をとり、不利益な取扱いを把握した場合には、適切な救済・回復の措置をとる。
ロ　不利益な取扱いが行われた場合に、当該行為を行った労働者及び役員等に対して、行為態様、被害の程度、その他情状等の諸般の事情を考慮して、懲戒処分その他

第12条（秘密保持）

> 本規則第3条に定める窓口に相談又は通報された事項に関する対応及び調査を行う者は、当該対応及び調査を行う過程で知り得た一切の情報について、法令に基づく場合等の正当な理由がない限り、開示及び漏洩してはならない。
> 2　前項に定める義務は本規則第3条に定める窓口に相談又は通報された事項に関する対応及び調査を行う者が、当該対応及び調査を行わなくなった場合であっても、同様とする。

第13条（懲　戒）

> 会社は、次の行為を行った者に対し、就業規則第○条（服務規律）の定めにより懲戒処分を科すことができる。
> (1)　通報者等が、虚偽の通報又は他人を誹謗中傷する通報その他の不正の目的の通報を行ったとき
> (2)　従事者が、通報された内容及び調査で得られた個人情報を正当な理由なく開示したとき

第14条（相談又は通報を受けた者の責務）

> 従事者に限らず、通報又は相談を受けた者（通報者等の管理者、同僚等を含む。）は、本規則に準じて誠実に対応するよう努めなければならない。

＜法的根拠等＞

他適切な措置をとる。（指針）

※以下、第12条関係
□秘密保持の重要性
通報者の所属・氏名等が職場内に漏れることは、それ自体が通報者に対する重大な不利益になり、ひいては通報を理由とする更なる不利益な取扱いにもつながるおそれがある。また、内部通報制度への信頼性を損ない、経営上のリスクに係る情報の把握が遅延する等の事態を招くおそれがある。このため、以下のような措置を講じ、通報に係る秘密保持の徹底を図ることが重要である。

・情報共有が許される範囲を必要最小限に限定する
・通報者の所属・氏名等や当該事案が通報を端緒とするものであること等、通報者の特定につながり得る情報は、通報者の書面や電子メール等による明示の同意がない限り、情報共有が許される範囲外には開示しない
・通報者の同意を取得する際には、開示する目的・範囲、氏名等を開示することによって生じ得る不利益について明確に説明する
・何人も通報者を探索してはならないことを明確にする
・これらのことを、経営幹部及び全ての従業員に周知徹底する。（ガイドライン）

□範囲外共有等の防止に関する措置
イ　事業者の労働者及び役員等が範囲外共有を行うことを防ぐための措置をとり、範囲外共有が行われた場合には、適切な救済・回復の措置をとる。
ロ　事業者の労働者及び役員等が、公益通報者を特定した上でなければ必要性の高い調査が実施できないなどのやむを得ない場合を除い

第15条（記録の作成・保管）

> 従事者は、本規則第3条に定める窓口へ相談又は通報の対応に関する記録をその都度作成する。
> 2　会社は、前項に定める記録を3年間保管する。

第16条（所　管）

> 本規則の所管は、本社総務部とする。

第17条（改　廃）

> 本規則の改廃は、取締役会の決議により行う。また、本規則の運用に際しては、社長を責任者とする。

第18条（施　行）

> 本規則は、令和6年〇月〇日から施行する。

＜法的根拠等＞

て、通報者の探索を行うことを防ぐための措置をとる。
ハ　範囲外共有や通報者の探索が行われた場合に、当該行為を行った労働者及び役員等に対して、行為態様、被害の程度、その他情状等の諸般の事情を考慮して、懲戒処分その他適切な措置をとる。（指針）

※以下、第13条関係
□不正の利益を得る目的、他人に損害を加える目的その他の不正の目的で通報した場合は、公益通報にはなりません。（ハンドブック）

※以下、第15条関係
□記録の保管、見直し・改善、運用実績の労働者等及び役員への開示に関する措置
イ　内部公益通報への対応に関する記録を作成し、適切な期間保管する
ロ　内部公益通報対応体制の定期的な評価・点検を実施し、必要に応じて内部公益通報対応体制の改善を行う
ハ　内部公益通報受付窓口に寄せられた内部公益通報に関する運用実績の概要を、適正な業務の遂行及び利害関係人の秘密、信用、名誉、プライバシー等の保護に支障がない範囲において労働者等及び役員に開示する。（指針）

※以下、第16条関係
□内部規程の策定及び運用に関する措置
この指針において求められる事項について、内部規程において定め、また、当該規程の定めに従って運用する。（指針）

□ 通報対象となる法律一覧（約 500 本のうち、一部を抜粋）【50 音順】

(2024 年 4 月 1 日現在)

	法　律　名
1	育児休業、介護休業等育児又は家族介護を行う労働者の福祉に関する法律（平成 3 年法律第 76 号）
2	外国人の技能実習の適正な実施及び技能実習生の保護に関する法律（平成 28 年法律第 89 号）
3	介護保険法（平成 9 年法律第 123 号）
4	介護労働者の雇用管理の改善等に関する法律（平成 4 年法律第 63 号）
5	会社法（平成 17 年法律第 86 号）
6	確定拠出年金法（平成 13 年法律第 88 号）
7	看護師等の人材確保の促進に関する法律（平成 4 年法律第 86 号）
8	勤労者財産形成促進法（昭和 46 年法律第 92 号）
9	携帯音声通信事業者による契約者等の本人確認等及び携帯音声通信役務の不正な利用の防止に関する法律（平成 17 年法律第 31 号）
10	刑法（明治 40 年法律第 45 号）
11	健康増進法（平成 14 年法律第 103 号）
12	健康保険法（大正 11 年法律第 70 号）
13	建設労働者の雇用の改善等に関する法律（昭和 51 年法律第 33 号）
14	建築基準法（昭和 25 年法律第 201 号）
15	公益通報者保護法（平成 16 年法律第 112 号）
16	厚生年金保険法（昭和 29 年法律第 115 号）
17	国民健康保険法（昭和 33 年法律第 192 号）
18	国民年金法（昭和 34 年法律第 141 号）
19	個人情報の保護に関する法律（平成 15 年法律第 57 号）
20	子ども・子育て支援法（平成 24 年法律第 65 号）
21	雇用の分野における男女の均等な機会及び待遇の確保等に関する法律（昭和 47 年法律第 113 号）
22	雇用保険法（昭和 49 年法律第 116 号）
23	最低賃金法（昭和 34 年法律第 137 号）
24	下請代金支払遅延等防止法（昭和 31 年法律第 120 号）
25	私的独占の禁止及び公正取引の確保に関する法律（昭和 22 年法律第 54 号）
26	障害者の雇用の促進等に関する法律（昭和 35 年法律第 123 号）

27	障害を理由とする差別の解消の推進に関する法律（平成25年法律第65号）
28	消費者安全法（平成21年法律第50号）
29	消費者契約法（平成12年法律第61号）
30	職業安定法（昭和22年法律第141号）
31	職業能力開発促進法（昭和44年法律第64号）
32	女性の職業生活における活躍の推進に関する法律（平成27年法律第64号）
33	青少年の雇用の促進等に関する法律（昭和45年法律第98号）
34	精神保健及び精神障害者福祉に関する法律（昭和25年法律第123号）
35	性的な姿態を撮影する行為等の処罰及び押収物に記録された性的な姿態の映像に係る電磁的記録の消去等に関する法律（令和5年法律第67号）
36	船員保険法（昭和14年法律第73号）
37	組織的な犯罪の処罰及び犯罪収益の規制等に関する法律（平成11年法律第136号
38	短時間労働者及び有期雇用労働者の雇用管理の改善等に関する法律（平成5年法律第76号）
39	中小企業退職金共済法（昭和34年法律第160号）
40	中小企業における労働力の確保及び良好な雇用の機会の創出のための雇用管理の改善の促進に関する法律（平成3年法律第57号）
41	中小事業主が行う事業に従事する者等の労働災害等に係る共済事業に関する法律（令和3年法律第80号）
42	著作権法（昭和45年法律第48号）
43	賃金の支払の確保等に関する法律（昭和51年法律第34号）
44	電子署名及び認証業務に関する法律（平成12年法律第102号）
45	特定電子メールの送信の適正化等に関する法律（平成14年法律第26号）
46	二十歳未満ノ者ノ飲酒ノ禁止ニ関スル法律（大正11年法律第20号）
47	二十歳未満ノ者ノ喫煙ノ禁止ニ関スル法律（明治33年法律第33号）
48	不正アクセス行為の禁止等に関する法律（平成11年法律第128号）
49	不正競争防止法（平成5年法律第47号）
50	不当景品類及び不当表示防止法（昭和37年法律第134号）
51	暴力行為等処罰に関する法律（大正15年法律第60号）
52	暴力団員による不当な行為の防止等に関する法律（平成3年法律第77号）
53	母体保護法（昭和23年法律第156号）

54	労働安全衛生法（昭和47年法律第57号）
55	労働関係調整法（昭和21年法律第25号）
56	労働基準法（昭和22年法律第49号）
57	労働組合法（昭和24年法律第174号）
58	労働施策の総合的な推進並びに労働者の雇用の安定及び職業生活の充実等に関する法律（昭和41年法律第132号）
59	労働者協同組合法（令和2年法律第78号）
60	労働者災害補償保険法（昭和22年法律第50号）
61	労働者派遣事業の適正な運営の確保及び派遣労働者の保護等に関する法律（昭和60年法律第88号）
62	労働保険の保険料の徴収等に関する法律（昭和44年法律第84号）

6 営業秘密管理規程

- 不正競争防止法
- 営業秘密管理指針（2019年1月改訂／経済産業省）
- 秘密情報の保護ハンドブック（2024年2月最終改訂／経済産業省）
- 営業秘密の保護・活用について（2017年6月／経済産業省　知的財産政策室）

第1条（目　的）

この規程は、会社の営業秘密の適正な管理を図ることを目的とする。

第2条（適用範囲）

この規程は、会社の役員及び従業員その他会社の業務に従事する者(以下「従業員等」という。)に適用する。

第3条（定　義）

この規程において各用語の定義は、次のとおりとする。
(1) 「営業秘密」
秘密として管理されている知的生産物情報、顧客情報、営業情報、技術情報、研究開発情報、経営情報、財務情報、人事情報等、会社が保有する事業活動に有用な営業上又は技術上の情報で、公然と知られていないものをいう
(2) 「営業秘密文書等」
営業秘密を記載又は記録した下記のもの並びにその複写物及び複製物をいう
① 文書、図面、写真、図書等の紙媒体に記録されたもの
② USBメモリ、SDカード等の電子記録媒体に記録された電子データ
③ 電子計算機等の内部に記録された電子データ
④ クラウド等の外部サービスに記録された電子データ
(3) 「営業秘密施設等」とは、営業秘密の保持又は管理に関係した設備、装置又は施設等をいう

＜法的根拠等＞

※以下、第1条関係
□規程策定の目的
秘密情報の管理について社内規程を策定することは、秘密情報の取扱い等に関するルールを社内に広く周知するための手段として効果的です。

※以下、第3条関係
＊不正競争防止法第2条第6項
「この法律において「営業秘密」とは、秘密として管理されている生産方法、販売方法その他の事業活動に有用な技術上又は営業上の情報であって、公然と知られていないものをいう。」

□営業秘密の3要件
技術やノウハウ等の情報が「営業秘密」として不正競争防止法で保護されるためには、以下の3要件をすべて満たすことが必要です。
① 秘密として管理されていること（秘密管理性）
② 事業活動にとって有用であること（有用性）
③ 公然と知られていないこと（非公知性）
(営業秘密管理指針)
(営業秘密の保護・活用について)

※以下、第4条関係
□保有する情報の評価基準例
・情報が生み出す経済的価値
・情報管理の必要性・程度
・漏洩時の経済的損害

第4条（営業秘密の分類）

> 営業秘密の分類は、次のとおりとする。
> (1) 「極秘」
>   営業秘密のうち、これを第三者に漏洩等することにより会社が回復しがたい、きわめて重大な損失若しくは不利益を受け又はそのおそれがあるもので、指定された者以外には開示してはならないものをいう
> (2) 「秘」
>   極秘の定義に属さない営業秘密のうち、これを第三者に漏洩等することにより会社が重大な損失若しくは不利益を受け又はそのおそれがあるもので、業務上の取扱い部門に所属する者以外には開示してはならないものをいう
> (3) 「社外秘」
>   「極秘」、「秘」の双方の定義に属さない営業秘密であり、社外に開示してはならないものをいう

第5条（管理組織）

> 　会社は、役員等の中から統括責任者を任命し、営業秘密管理のための措置に関する業務を統括させる。統括責任者は、不測事態の発生を防止するために、必要に応じて営業秘密を保有する部門に対し、指導及び助言をする。
> 2　各部門責任者は、それぞれの部門における営業秘密管理のための管理責任者を任命する。
> 3　各部門の管理責任者は、部門間にまたがる営業秘密の管理その他必要事項について、適正な営業秘密管理を行うため随時協議するものとする。

＜法的根拠等＞

- 取引先等他社に与える損失の程度
- 競合他社にとっての有用性
- 漏洩時の社会的信用低下による損失の程度
- 漏洩時の契約違反又は法令違反に基づく制裁の程度　等

（秘密情報の保護ハンドブック）

※以下、第5条関係
□社内体制の構築
どのような社内体制が望ましいのかは、事業の規模や性質によって異なりますが、経営層の積極的な関与の下、体制が単に形式的なものにならないように留意しながら、秘密情報の管理が継続的に実施され、状況の変化に応じた適切な見直しを行うことができる責任者と責任部署を中心にした一元的な体制とすることがポイントです。
（秘密情報の保護ハンドブック）

※以下、第6条関係
□営業秘密であることの表示
- 社内の規程に基づいて、秘密情報が記録された媒体等（書類、書類を綴じたファイル、USBメモリ、電子文書そのもの、電子文書のファイル名、電子メール等）に、自社の秘密情報であることが分かるように表示を行います。
- 表示は、社内の規程で定めた「秘密情報の分類」の名称を表示することが考えられます。その際、その表示を見

第6条（営業秘密の指定、表示）

　　管理責任者は、営業秘密及び営業秘密分類を指定し、その秘密保持期間及び開示を受ける者（以下「被開示者」という）の範囲を決定する。
2　管理責任者は、営業秘密文書等に、営業秘密分類を表示するとともに、適切な方法により営業秘密である旨ならびにその秘密保持期間及び被開示者の範囲を明示する。
3　従業員等は、業務上営業秘密となるべき情報を創出した場合は、他に開示する前に遅滞なくその内容を管理責任者に申告し、管理責任者は、第1項に従い営業秘密を指定する。

第7条（営業秘密の管理）

　　管理責任者は、営業秘密文書等に関する分類、設定日、保管期間、保管場所、被開示者、閲覧規制等を明記した「営業秘密管理調書」を作成・保管のうえ管理する。
2　管理責任者は、営業秘密文書等につき、原則として、次の方法により管理する。ただし、当該管理方法が不適切な場合には、統括責任者との協議等により、これに準じた最適な管理をする。
　(1)「保管」
　　　営業秘密文書等は、施錠可能な場所に保管のうえ常時施錠する。営業秘密の保管施設等については、常時施錠する又はパスワードの設定等により特定の者しかアクセスできないような措置をとる。
　(2)「閲覧」
　　　被開示者が、営業秘密文書等を閲覧する場合、事前に管理責任者の承認を得たうえで、閲覧の際には「閲覧管理台帳」に必要事項を記入し署名する。

＜法的根拠等＞

た者が、その表示が付されている情報が、自社における秘密情報であることに加えて、アクセスできる者の範囲（例：「役員限り」等）や、どのような取扱い方法（例：「持出し禁止」、「返還、廃棄・消去」等）が求められている秘密情報であるのかも認識できるような表示とするとより効果的です。

・秘密情報が記録された媒体等を保管する書庫や区域（倉庫、部屋など）に「無断持出し禁止」といった掲示を行うことも考えられます。
（秘密情報の保護ハンドブック）

※以下、第7条関係
□5つの「対策の目的」
①　接近の制御（秘密情報に「近寄りにくくする」ための対策）
[具体例]
・アクセス権の限定
・秘密情報を保存したPCはインターネットに接続しない
・施錠管理　等
②　持出し困難化（秘密情報の「持出しを困難にする」ための対策）
[具体例]
・私物USBメモリ等の利用・持込みの禁止
・会議資料等の回収
・電子データの暗号化
・外部へのアップロード制限　等
③　視認性の確保（漏洩が「見つかりやすい」環境づくりのための対策）

> (3)「持出し」
>   被開示者が、営業秘密文書等を保管場所から持出す場合、事前に管理責任者の承認を得たうえで、持出し及び返却の際に、「持出し管理台帳」に必要事項を記入し署名する。
> (4)「立入り等」
>   被開示者が、営業秘密施設等に立入り又は使用する場合、事前に管理責任者にその人数及び目的等の承認を得なければならない。
> 3 被開示者が閲覧又は持出した営業秘密については、いかなる場合も複写又は複製をしてはならない。
> 4 「極秘」の営業秘密の管理については、指定された者以外の閲覧、保管場所からの持出し並びに営業秘密施設等への立入り等は禁止する。
> 5 「社外秘」の営業秘密の管理については、管理責任者は、第2項の管理方法を基準としつつ、当該営業秘密の性質等に応じた適正な管理等のための措置をとることができる。

第8条(秘密保持義務)

>   従業員等は、知り得た営業秘密を、本規程第6条第1項に定める被開示者以外のいかなる者にも開示又は漏洩してはならない。
> 2 従業員等は、開示を受けた秘密情報を指定された業務以外の目的に使用してはならない。
> 3 従業員等は、開示を受けた秘密情報を、業務上被開示者以外の者に開示する必要が生じた場合には、事前に管理責任者に通知し、その指示に従わなければならない。
> 4 前項により、新たに開示を受けた従業員等は、本条による秘密保持義務を負う。

＜法的根拠等＞
[具体例]
・座席配置・レイアウトの工夫
・防犯カメラの設置
・職場の整理整頓
・関係者以外立入り禁止看板
・PCログの記録
・作業の記録(録画等)等
④ 秘密情報に対する認識向上(「秘密情報と思わなかった」という事態を招かないための対策)
[具体例]
・マル秘表示
・ルールの策定・周知
・秘密保持契約の締結
・無断持出し禁止の張り紙
・研修の実施　等
⑤ 信頼関係の維持・向上等(社員のやる気を高めるための対策)
[具体例]
・ワークライフバランスの推進
・社内コミュニケーションの促進
・漏洩事例の周知　等
(営業秘密の保護・活用について)
(秘密情報の保護ハンドブック)

※以下、第9条関係
□秘密保持契約等(誓約書を含む)の締結
秘密保持契約等は、従業員等個人が契約等の当事者になるため、その従業員等の秘密情報の管理に対する認識をより確実なものとする効果があります。
(秘密情報の保護ハンドブック)

第9条（誓約書の提出）

> 　　管理責任者は、次にかかげる場合には、従業員等から別途定める様式により秘密保持の誓約書の提出を求める。
> (1)　入社・採用のとき
> (2)　退職・契約終了のとき
> (3)　異動のとき
> (4)　プロジェクト参加・終了のとき
> (5)　その他会社が必要と認めたとき
> 2　管理責任者は、前条第4項の場合で、新たに開示を受ける者が、従業員等以外の第三者のときは、事前に別途定める様式による秘密保持の誓約書の提出を求める。

第10条（営業秘密文書等の指定の変更、解除）

> 　　管理責任者は、定期的に営業秘密を見直し、営業秘密分類の変更又は指定の解除など適切な措置をとる。なお、見直し時期については、営業秘密の内容により当該部門ごとに決定する。
> 2　管理責任者は、前項の営業秘密分類の変更又は指定の解除などが行われた場合は、必要事項を「営業秘密管理調書」に記入し、従業員等に通知するなど適切な措置をとる。

＜法的根拠等＞

※以下、第11条関係
□秘密情報の復元が困難な廃棄・消去方法の選択
秘密情報が記録された書類・ファイルや記録媒体等の廃棄、秘密情報が記録された電子データの消去を行う場合、外部者が、廃棄・消去された情報を復元して、その情報にアクセスすることができないように、復元不可能な形にして廃棄・消去します。
（秘密情報の保護ハンドブック）

※以下、第12条関係
□秘密情報の管理に関する従業員等の意識向上
秘密情報の管理等に係る研修等で、
① 秘密情報の管理の徹底が、企業の発展・業績向上などに貢献したという事例を紹介して、秘密情報の管理の重要性に関する理解を深めます。
② 秘密情報の漏洩が企業に多大な損害を与え得るものであることについて、自社内外の具体的な漏洩とその結果に関する事例等をまとめた資料等を紹介します。
③ 情報漏洩事案に対して、社内においてどのような処分がなされるのかについて、予め従業員等に説明しておくことで、従業員等の情報漏洩行為を未然に防止します。
（秘密情報の保護ハンドブック）

第11条（営業秘密文書等の廃棄）

> 管理責任者は、営業秘密文書等を廃棄する場合は、裁断、焼却、溶解等の方法により廃棄する。
>
> 2　管理責任者は、前項の廃棄を外部に委託する場合は、事前に受託者との間の契約により、その処理方法を定める。

第12条（周知徹底及び教育）

> 管理責任者は、従業員等に対し、営業秘密保護のために、本規程の周知徹底及び本規程に基づき適切な教育を行う。

第13条（退職者等）

> 従業員等は、退職後も、本規程第8条に定める秘密保持義務を遵守しなければならない。
>
> 2　従業員等は、退職時に、営業秘密を社外に持ち出してはならず、また自己の保管する営業秘密文書等を、すべて会社に返還しなければならない。
>
> 3　管理責任者は、従業員等が退職する際に、当該従業員等が在職中知り得た営業秘密を特定し、その記録を残すなど、当該従業員等が負う秘密保持義務の内容を明らかにする。
>
> 4　管理責任者が退職する場合は、前項の確認等は統括責任者が行う。

＜法的根拠等＞

※以下、第13条関係
□退職者等
定年退職・中途退職した者のほか、契約期間が満了した派遣労働者等、自社内での勤務を終了した者を広く含みます。また、退職の申出があってから実際に退職するまでの間の者など（退職予定者等）も含みます。

□退職者に向けた対策の必要性
「〜情報漏洩の約半数は中途退職者に由来〜
令和2年度にIPAが実施した調査によれば、企業における営業秘密の漏洩は、従業員・役員（現職・退職者）を通じたものが8割超に達している。また、中途退職者による漏洩は約4割で最多を占めており（前回4年前の調査と比較しても増加）、転職・独立など人材の流動化が進む中で、退職者を通じた情報の漏洩対策の重要性が高まっている。」
（秘密情報の保護ハンドブック）

※以下、第14条関係
□他社の秘密情報の侵害の防止
① 転職者の受入れ
② 共同・受託研究開発
③ 取引の中での秘密情報の授受
④ 秘密情報の売込み

他社の秘密情報を意図せず侵害することを防ぐためには、自社で保有している情報の作成過程や入手経路に不正がないかど

第 14 条（第三者の秘密情報の取扱い）

> 従業員等は、第三者から秘密情報を入手する場合は、その者がその秘密情報を開示することについて、正当な権限を有していることの調査及び確認をしたうえで、その結果を管理責任者に報告する。
> 2　従業員等は、業務上第三者の保有する秘密情報を使用する場合は、事前に管理責任者に報告し承認を得た後、当該第三者と適正な契約を締結するなど、その使用に関して適切な措置をとる。
> 3　前2項で開示された第三者の秘密情報は、会社の営業秘密と同等に取り扱う。

第 15 条（懲戒処分等）

> 従業員等が故意又は重大な過失により、本規程に違反した場合には、就業規則に定める懲戒処分等に照らし、相当な措置をとる。

第 16 条（改　廃）

> 本規程の改廃は、取締役会の決議により行う。

第 17 条（施　行）

> この規程は、令和6年〇月〇日より施行する。

＜法的根拠等＞

うかを事前に確認したうえで、自社にとっての必要性の観点から、他社から受け取る秘密情報を厳選し、受領した他社の秘密情報は、自社情報と徹底的に分離して管理することがポイントとなります。

＊不正競争防止法第2条第1項第5号等
特に留意すべきなのは、他社から営業秘密の開示を受けた場合等に、それが不正な開示であることを知らなかったとしても、知らないことにつき「重大な過失」（取引上の注意義務の著しい違反）があると評価されるときには、不正競争防止法上、その営業秘密を使用したり、さらに別の他社に開示したりする行為等が損害賠償請求や差止請求の対象となり得る点です。
（秘密情報の保護ハンドブック）

7 個人情報取扱規程

- 個人情報の保護に関する法律（以下「個人情報保護法」という）
- 個人情報の保護に関する法律施行令（以下「施行令」という）
- 個人情報の保護に関する法律についてのガイドライン（以下「ガイドライン」という）

第1章　総　則

第1条（目　的）

> この規程は、個人情報の適正な取扱いの確保に関し必要な事項を定めることにより、会社の事業の適正かつ円滑な運用を図りつつ、個人の権利・利益を保護することを目的とする。

□【基本理念】（個人情報保護法第3条）
個人情報は、個人の人格尊重の理念の下に慎重に取り扱われるべきものであることに鑑み、その適正な取扱いが図られなければならない。

第2条（個人情報の定義）

> この規程において、個人情報に関する用語の定義は、次のとおりとする。
> 2　「個人情報」とは、生存する個人に関する情報で、次の各号のいずれかに該当するものをいう。
>   (1)　当該情報に含まれる氏名及び生年月日
>   (2)　その他の記述等（文書、図画若しくは電磁的記録への記載により特定の個人を識別できるもの）
>   (3)　個人識別符号が含まれるもの
> 3　前項第3号の「個人識別符号」とは、以下に掲げる事項に該当する文字、番号、記号その他の符号をいう。
>   (1)　特定の個人の身体の一部の特徴を電子計算機の用に供するために変換したもののうち、特定の個人を識別できる以下のもの
>   ①　文字
>   ②　番号
>   ③　記号
>   ④　その他の符号

□【定義】（個人情報保護法第2条第1項）
「個人情報」とは、生存する個人に関する情報をいう。
・氏名
・生年月日
・年齢
・性別
・顔画像
・財産
・職種　等

□【定義】（個人情報保護法第2条第2項）
「個人識別符号」
・旅券の番号
・基礎年金番号
・免許証の番号
・住民票コード
・個人番号（マイナンバー）
・国民健康保険法の被保険者証
・高齢者の医療の確保に関する法律の
被保険者証
・介護保険法の被保険者証　等

□【個人識別符号】（施行令第1条）

<法的根拠等>

(2) 特定の利用者等又は発行を受ける者を識別できるもの
　① 個人に提供される役務の利用等に関し割り当てられるもの
　② 個人に発行されるカードその他の書類に記載されるもの
　③ 電磁的方式により記録された文字、番号、記号その他の符号で、その利用者等又は発行を受ける者ごとに異なるものとなるように割り当てられ、又は記載され、若しくは記録されるもの

4 「要配慮個人情報」とは、以下に掲げる事項に該当する細心の注意を要する個人情報のことをいい、その利用や取扱いについては、本人に対する不当な差別、偏見その他の不利益が生じないようにその取扱いに特に配慮しなければならない。
(1) 本人の人種
(2) 信条
(3) 社会的身分
(4) 病歴
(5) 犯罪の経歴、犯罪により被害を被った事実
(6) その他本人に対する不当な差別、偏見その他の不利益が生じる可能性のある情報

5 「個人情報データベース等」とは、個人情報を含む情報の集合物で、次に掲げるものをいう。
(1) 特定の個人情報を機器等を用いて検索することができるように体系的に構成したもの
(2) 前号に掲げるもののほか、個人情報を一定の規則に従って整理分類し、目次、索引、符号等を付すことにより特定の個人情報を容易に検索することができるように体系的に構成したもの

6 「個人データ」とは、個人情報データベース等を構成する個人情報をいう。

□【定義】（個人情報保護法第2条第3項）
「要配慮個人情報」
・人種（国籍）
・信条
・社会的身分
・犯罪の経歴
・病歴
・身体障害、知的障害、精神障害（発達障害を含む）
・健康診断の結果　等

□【要配慮個人情報】（施行令第2条）
⇒参考「心身の状態の情報の取扱規程」

□【定義】（個人情報保護法第16条第1項）
「個人情報データベース等」とは、個人情報を含む情報の集合物をいう。

□【定義】（個人情報保護法第16条第3項）
「個人データ」

7 個人情報取扱規程

	<法的根拠等>
7 「保有個人データ」とは、会社が開示、内容の訂正、追加又は削除、利用の停止、消去及び第三者への提供の停止を行うことができる権限を有する個人データである。ただし、以下のものを除く。 　(1)　6か月以内に消去することとなるもの 　(2)　当該個人データの存否が明らかになることにより、本人又は第三者の生命、身体又は財産に危険が及ぶおそれがあるもの 　(3)　当該個人データの存否が明らかになることにより、違法又は不当な行為を助長し、又は誘発するおそれがあるもの 　(4)　当該個人データの存否が明らかになることにより、国の安全が害されるおそれ、他国若しくは国際機関との信頼関係が損なわれるおそれ、又は他国若しくは国際機関との交渉上不利益を被るおそれがあるもの 　(5)　当該個人データの存否が明らかになることにより、犯罪の予防、鎮圧又は捜査その他の公共の安全と秩序の維持に支障が及ぶおそれがあるもの	□【定義】（個人情報保護法第16条第4項） 「保有個人データ」
8 「本人」とは、個人情報によって識別される特定の個人をいう。	【定義】（個人情報保護法第2条第4項） 「「本人」とは、個人情報によって識別される特定の個人をいう。」
9 「従業者等」とは、以下の者をいう。 　(1)　会社と雇用関係にある従業者（正社員、嘱託社員等の名称を問わない） 　(2)　会社と委託関係にある取締役、監査役、顧問、相談役、参与 　(3)　会社と業務委託関係にある者 　(4)　取引先 　(5)　派遣社員等	□「従業者等」 従業者等とは、個人情報取扱事業者の指揮監督を受けて業務に従事している者等をいい、事業者との雇用契約の有無を問わない。 （個人情報保護委員会）
10 「事務取扱責任者」とは、会社の個人データの管理に関する責任を担う者をいう。	・事務取扱責任者（⇒参照　第6条）

> 11 「部門責任者」とは、各部門で個人データの管理に関する責任を負う者をいう。
> 12 「事務取扱担当者」とは、会社内で個人データを取扱う事務に従事する者をいう。

＜法的根拠等＞
・部門責任者（⇒参照　第7条）

・事務取扱担当者（⇒参照　第41条）

第3条（会社の責務）

> 会社は、個人情報の保護に関する法律（以下「個人情報保護法」という。）その他の法令及び個人情報保護法に基づき設置された個人情報保護委員会（PPC）が発布するガイドライン（以下「ガイドライン」という。）等を遵守し、個人情報の保護に努める。

□「会社の責務」
・法令の遵守（個人情報保護法、ガイドライン）
・個人情報の保護

第4条（正確性の確保）

> 会社は、利用目的の達成に必要な範囲内で、個人データを正確に、かつ最新の状態で管理するよう努める。

□【データ内容の正確性の確保等】
（個人情報保護法第22条）
「利用目的の達成に必要な範囲内において、個人データを正確かつ最新の内容に保つとともに、利用する必要がなくなったときは、当該個人データを遅滞なく消去するよう努めなければならない。」

第5条（安全管理措置）

> 会社は、会社が管理する個人データの滅失又は棄損、改ざん、漏洩等を防止するため、また、その他の個人データの安全管理のために、必要かつ適切な安全管理措置を講じる。

□【安全管理措置】（個人情報保護法第23条）
・人的安全管理（⇒参照　第5章）
・物的安全管理（⇒参照　第6章）
・技術的安全管理（⇒参照　第7章）

第2章　管理体制

第6条（事務取扱責任者）

> 　　会社は、役員等の中から事務取扱責任者を任命し、個人情報管理のための措置に関する業務を統括させる。
> 2　事務取扱責任者は、部門責任者を個人情報担当者として指名し、個人情報管理に関する業務を分担させることができる。

第7条（部門責任者）

> 　　部門責任者は、自らの部門に所属する従業者等の一切の個人情報の取扱いに関し、責任を有する。
> 2　部門責任者は、自らの部門に所属する従業者等が、この規程に従って個人データの取扱いがなされていることを確認しなければならない。

第8条（個人情報の取扱いの決定）

> 　　第3章に定める個人情報の取扱いに関しては、各部門責任者がその適否を判断し、例外的取扱いに関しては、事務取扱責任者にその適否の判断を求める。

第9条（従業者等の責務）

> 　　従業者等は、部門責任者の指示に従い個人情報を取扱う際には、この規程を遵守しなければならない。

＜法的根拠等＞

□「管理体制」
・個人データの取扱いに関する責任者の設置及び責任の明確化（ガイドライン）

・事務取扱責任者
・個人情報担当者
・個人情報管理

・個人データを取り扱う従業者及びその役割の明確化
・個人データを複数の部署で取り扱う場合の各部署の役割分担及び責任の明確化
（ガイドライン）

□「部門責任者」
・利用目的の特定（⇒参照　第13条）
・利用目的による制限（⇒参照　第14条）
・適正な取得（⇒参照　第15条）
・取得に際しての利用目的の通知等
（⇒参照　第16条）

□「従業者等の責務」
・従業者への周知（⇒参照　第3章）
・従業者等（⇒参照　第2条第9項）

第 10 条（漏洩時等における報告連絡体制）

> 事務取扱責任者は、情報漏洩等の事案の発生等に備えて、従業者等から部門責任者に対する報告連絡体制をあらかじめ確認しなければならない。

第 11 条（個人情報の取扱状況の把握）

> 部門責任者は、自らの部門における個人データの取扱状況について、定期的に点検をしなければならない。
> 2　部門責任者は、前項の点検結果を、事務取扱責任者に報告しなければならない。

第 12 条（責務等）

> 事務取扱責任者、部門責任者及び事務取扱担当者の責務等については、第 10 章の「事務取扱責任者等の責務と役割」で定める。

第 3 章　個人情報の取扱い

第 13 条（利用目的の特定）

> 会社は、業務を遂行するため必要な場合に限り、かつ、その利用の目的（以下「利用目的」という。）をできる限り特定して個人情報を取扱う。
> 2　会社は、利用目的を変更する場合には、変更前の利用目的と関連性を有すると合理的に認められる範囲を超えて行わない。

＜法的根拠等＞

☐【安全管理措置】（個人情報保護法第 23 条）
「取り扱う個人データの漏洩、滅失又は毀損の防止その他の個人データの安全管理のために必要かつ適切な措置を講じなければならない。」

☐【漏洩等の報告等】
（個人情報保護法第 26 条）
「個人情報保護委員会規則で定めるところにより、当該事態が生じた旨を個人情報保護委員会に報告しなければならない」

☐【データ内容の正確性の確保等】
（個人情報保護法第 22 条）
「利用目的の達成に必要な範囲内において、個人データを正確かつ最新の内容に保つとともに、利用する必要がなくなったときは、当該個人データを遅滞なく消去するよう努めなければならない。」

☐「責務等」
・事務取扱責任者の責務と役割
（⇒参照　第 10 章）

☐【利用目的の特定】
（個人情報保護法第 17 条第 1 項）
「個人情報を取り扱うに当たっては、その利用の目的（以下「利用目的」という。）をできる限り特定しなければならない。」

＜参考＞
・マイナンバー等の一部改正法（2023.6.9 公布）

3 利用目的の具体的な例は、次のとおりとする。
  (1) 基本情報
    ① 業務上必要な事項についての申請・届出等の書式の作成
    ② 給与等の支払
    ③ 社会保険関係の手続
    ④ 福利厚生の利用
    ⑤ 人事考課
    ⑥ 労働者(社員)名簿の作成
    ⑦ 求人活動
    ⑧ その他雇用管理のため
  (2) 人事情報
    ① 業務上必要な事項についての申請・届出等の書式の作成
    ② 人事労務管理
    ③ 昇進・昇格の評価資料の作成
    ④ 配属先の決定
    ⑤ 社内掲示
    ⑥ 求人活動
    ⑦ その他人事管理のため
  (3) 給与関係情報
    ① 給与等(諸手当・賞与)の決定及び支給
    ② 予算策定
    ③ 人件費策定
    ④ 源泉徴収手続
    ⑤ 社会保険関係手続
    ⑥ その他給与計算のため

＜法的根拠等＞
・マイナンバー等の利用範囲の拡大
・マイナンバーカードの普及・利用促進

＜基本情報にかかる個人情報＞
・氏名
・生年月日
・年齢
・住所
・電話番号
・メールアドレス
・国籍
・出身地
・基礎年金番号
・雇用保険被保険者番号
・個人番号(マイナンバー)
・社内掲示

＜人事情報にかかる個人情報＞
・学歴
・経歴
・職歴
・公的資格
・免許
・賞罰
・人事考課
・適性検査

＜給与関係にかかる個人情報＞
・給与、賞与、諸手当及び年収
・扶養親族
・扶養者年収
・通勤経路
・給与振込口座番号
・年末調整申請事項

> (4) 家族・扶養情報
>   ① 年末調整等のための基礎資料作成
>   ② 家族手当支給
>   ③ 慶弔手続
>   ④ 労災補償に関する事項
>   ⑤ 緊急連絡先の確認
>   ⑥ 社会・労働保険関係の手続
>   ⑦ 慶弔関係の社内掲示
> (5) 身体・健康情報
>   ① 健康管理と就業状態の確認
>   ② 従業員の自己保健の履行の確認
>   ③ 休職、復職等の適切な労務管理の履行

＜法的根拠等＞

＜家族・扶養情報にかかる個人情報＞
・家族構成
・扶養関係
・家族の職業
・家族の生年月日
・家族の住所
・身元保証人

＜身体・健康情報にかかる個人情報＞
・健康診断記録
・健康状態
・傷病歴
・メンタルヘルス
・障害

⇒「心身の状態の情報の取扱規程」参考

第14条（利用目的による制限）

> 　会社は、前条により特定された利用目的の達成に必要な範囲を超えて個人情報を取扱う場合には、あらかじめ本人の同意を得る。
> 2　前項の規定は、以下に掲げる場合については適用しない。
> (1) 法令に基づくとき
> (2) 人の生命、身体又は財産の保護のために必要がある場合で、本人の同意を得ることが困難であるとき
> (3) 公衆衛生の向上（疾病の予防、治療）又は児童の健全な育成の推進のために特に必要がある場合で、本人の同意を得ることが困難であるとき
> (4) 国の機関若しくは地方公共団体又はその委託を受けた者が、法令の定める事務を遂行することに対して協力する必要がある場合で、本人の同意を得ることにより当該事務の遂行に支障を及ぼすおそれがあるとき

□【取得に際しての利用目的の通知等】
（個人情報保護法第21条）
「個人情報を取得した場合は、あらかじめその利用目的を公表している場合を除き、速やかに、その利用目的を、本人に通知し、又は公表しなければならない。」

第 15 条（適正な取得）

　　会社は、個人情報の取得を適法かつ適正な手段によって行い、あらかじめ本人の同意を得た上で、要配慮個人情報を取得する。
2　前項の規定は、以下に掲げる場合については適用しない。
　(1)　法令に基づくとき
　(2)　人の生命、身体又は財産の保護のために必要がある場合で、本人の同意を得ることが困難であるとき
　(3)　公衆衛生の向上（疾病の予防、治療）又は児童の健全な育成の推進のために特に必要がある場合で、本人の同意を得ることが困難であるとき
　(4)　国の機関若しくは地方公共団体又はその委託を受けた者が、法令の定める事務を遂行することに対して協力する必要がある場合で、本人の同意を得ることにより当該事務の遂行に支障を及ぼすおそれがあるとき
　(5)　当該要配慮個人情報が、本人、国の機関、地方公共団体、法令に定める者により公開されているとき

＜法的根拠等＞
□【適正な取得】
（個人情報保護法第 20 条第 1 項）
「個人情報取扱事業者は、偽りその他不正の手段により個人情報を取得してはならない。」

・要配慮個人情報（⇒参照　第 2 条第 4 項）

第 16 条（取得に際しての利用目的の通知等）

　　会社は、個人情報を取得した場合、速やかにその利用目的を本人に通知又は公表する。ただし、あらかじめ個人情報の利用目的を公表している場合は除く。
2　前項にかかわらず、以下に掲げる事項に該当する場合は、あらかじめ本人にその利用目的を明示する。

□【取得に際しての利用目的の通知等】
（個人情報保護法第 21 条）
「個人情報を取得した場合は、あらかじめその利用目的を公表している場合を除き、速やかに、その利用目的を、本人に通知し、又は公表しなければならない。」

<法的根拠等>

 (1) 会社と本人との間での契約の締結に伴い契約書その他の書面（電磁的記録を含む）に記載された当該本人の個人情報を取得するとき
 (2) 会社が本人から直接書面に記載された個人情報を取得するとき
   ただし、本人又は第三者の生命、身体又は財産の保護のために緊急の必要がある場合は、適用できる。
3 会社は、利用目的を変更した場合は、変更された利用目的について本人に通知し、又は公表する。
4 前3項の規定は、以下の場合には適用しない。
 (1) 利用目的を本人に通知し、又は公表することにより本人又は第三者の生命、身体、財産その他の権利・利益を害するおそれがあるとき
 (2) 利用目的を本人に通知し、又は公表することにより会社の権利又は正当な利益を害するおそれがあるとき
 (3) 国の機関又は地方公共団体が法令の定める事務を遂行することに対して協力する必要がある場合で、利用目的を本人に通知し、又は公表することにより当該事務の遂行に支障を及ぼすおそれがあるとき
 (4) 取得の状況から利用目的が明らかであると認められるとき

⇒「通知又は公表に関する適用除外」（例示）

第4章　個人データの第三者提供の制限

第17条（第三者提供の制限）

<法的根拠等>

　　会社は、あらかじめ本人の同意を得ずに、個人データを第三者に提供しない。
2　前項にかかわらず、次の各号に該当する場合は、会社は、個人データを第三者に提供することができる。
　(1)　法令に基づくとき
　(2)　人の生命、身体又は財産の保護のために必要がある場合で、本人の同意を得ることが困難であるとき
　(3)　公衆衛生の向上（疾病の予防、治療）又は児童の健全な育成の推進のために特に必要がある場合で、本人の同意を得ることが困難であるとき
　(4)　国の機関又は地方公共団体又はその委託を受けた者が法令の定める事務を遂行することに対して協力する必要がある場合で、本人の同意を得ることにより当該事務の遂行に支障を及ぼすおそれがあるとき
3　第1項にかかわらず、以下の各号に該当する場合に限り、会社は、個人データを第三者に提供することができる。ただし、要配慮個人情報を除く。
　(1)　本人の求めに応じて当該本人が識別される個人データの第三者提供を停止することとしているとき
　(2)　次の事項について、あらかじめ本人に通知し、又は本人が容易に知り得る状態に置かれているとき
　　①　第三者への提供を利用目的とすること
　　②　第三者に提供される個人データの項目
　　③　第三者への提供の方法
　　④　本人の求めに応じて当該本人が識別される個人データの第三者への提供を停止すること

□【第三者提供の制限】（個人情報保護法第27条）

⇒「会社は、個人データを第三者に提供することができる」（例示）

・要配慮個人情報を除く

> 4　会社は、前項第2号又は第3号の事項を変更する場合は、変更する内容について、あらかじめ本人に通知し、又は本人が容易に知り得る状態に置くとともに、個人情報保護委員会に届け出る。

第18条（第三者提供に係る記録の作成）

> 会社は、個人データを第三者に提供するときは、当該個人データを提供した年月日、当該第三者の氏名又は名称その他の法令で定める事項に関する記録を作成する。ただし、当該個人データの提供が第17条（第三者提供の制限）第2項各号のいずれかに該当する場合は、適用されない。
> 2　会社は、前項の記録に係る個人データを提供した日から、原則として3年間保存する。

第19条（第三者提供を受ける際の確認等）

> 会社は、第三者から個人データの提供を受けるに際しては、次に掲げる事項の確認を行う。ただし、当該個人データの提供が第17条（第三者提供の制限）第2項各号のいずれかに該当する場合は、適用されない。
> (1)　当該第三者の氏名又は名称及び住所並びに法人にあっては、その代表者等の氏名
> (2)　当該第三者による当該個人データの取得の経緯
> 2　会社は、前項による確認を行ったときは、当該個人データの提供を受けた年月日、当該確認に係る事項その他の法令で定める事項に関する記録を作成する。
> 3　会社は、前項の記録に係る個人データの提供を受けた日から、原則として3年間保存する。

＜法的根拠等＞

□「個人情報保護委員会（PPC）」
個人情報（特定個人情報を含む。）の有用性に配慮しつつ、個人の権利利益を保護するため、個人情報の適正な取扱いの確保を図ることを任務とする、独立性の高い機関

□【第三者提供に係る記録の作成等】
（個人情報保護法第29条）
・個人データ：個人情報データベース等を構成する個人情報

・3年間の保存

□【第三者提供を受ける際の確認等】
（個人情報保護法第30条）
⇒「会社は、個人データを第三者に提供することができる」（例示）

第5章　人的安全管理措置

第20条（従業者等の監督）

> 　　事務取扱責任者は、従業者等が個人データを取扱うにあたり、必要かつ適切な監督を行わなければならない。
> 2　事務取扱責任者は、従業者等に対して個人情報の保護及び取扱いに関する誓約書の提出を命じることができる。
> 3　部門責任者は、自らの部門に属する従業者等に対し、個人データの取扱いに関して必要かつ適切な監督をしなければならない。

〈法的根拠等〉

□【従業者の監督】（個人情報保護法第24条）
「従業者に個人データを取り扱わせるに当たっては、当該個人データの安全管理が図られるよう、当該従業者に対する必要かつ適切な監督を行わなければならない。」

・事務取扱責任者
・部門責任者

第21条（教育・研修）

> 　　従業者等に対する個人情報保護及び適正な取扱いに関する教育方針は、事務取扱責任者が決定する。
> 2　従業者等は、事務取扱責任者の指名した部門責任者が主催し、又は事務取扱責任者が決定した方針に基づく研修を受けなければならない。

□「教育・研修」
・個人データの取扱いに関する留意事項について、従業者に定期的な研修等を行う。
・個人データについての秘密保持に関する事項を就業規則等に盛り込む。
（ガイドライン）

・事務取扱責任者
・部門責任者

第22条（守秘義務）

> 　　従業者等は、個人情報の取扱いの際に知り得た事項に関しては、在職中はもちろんのこと、出向、転籍、退職後においても、守秘義務を負う。

第 6 章　物的安全管理措置

<法的根拠等>

第 23 条（個人データの閲覧制限等）

> 　　事務取扱責任者は、個人データを取扱うことのできる従業者等及び本人以外が容易に個人データを閲覧等できないように、以下の措置を講ずる。
> (1)　可能な限り壁又は間仕切り等の設置
> (2)　往来が少ない場所への座席配置の工夫
> (3)　のぞき込みを防止する措置の実施
> (4)　権限を有しない者による個人データの閲覧等の防止

□「閲覧制限等」
（個人データを取り扱う区域の管理）
① 入退室管理及び持ち込む機器等の制限等
② 間仕切り等の設置、座席配置の工夫、のぞき込みを防止する措置の実施等による権限を有しない者による個人データの閲覧等の防止
（ガイドライン）

第 24 条（機器及び電子媒体等の盗難等の防止）

> 　　個人データを取扱う機器、個人データが記録された電子媒体又は個人データが記載された書類等の盗難又は紛失等を防止するため、個人データを取扱う電子媒体及び書類等は、事務取扱責任者が管理するキャビネット・書庫等に保管する。
> 2　個人データが保存された機器については、当該機器をセキュリティワイヤー等により固定する。

□「個人データ記録の電子媒体の保管」

・キャビネット・書庫等

・セキュリティワイヤー

第 25 条（電子媒体等を持ち運ぶ場合の漏洩等の防止）

> 　　従業者等は、個人データが記録された電子媒体又は個人データが記載された書類等を持ち運ぶ場合、パスワード設定、封筒に封入しカバンに入れて搬送する等、紛失・盗難等を防ぐための安全な方策を講じる。

□「漏洩等の防止」
・持ち運ぶ個人データの暗号化、パスワードによる保護等を行った上で電子媒体に保存する。
・封緘、目隠しシールの貼付けを行う。
・施錠できる搬送容器を利用する。
（ガイドライン）

第 26 条（個人データの削除及び機器・電子媒体等の廃棄）

> 事務取扱責任者は、個人データを適切に削除し、又は個人データが記録された機器、電子媒体等を適切に廃棄したことを、確認しなければならない。

第 7 章　技術的安全管理措置

第 27 条（アクセス制御及びアクセス者の識別）

> 個人データを取扱う情報システムへのアクセスは、アクセス者が事務取扱担当者等の正当なアクセス権を有する者であると識別した者に限定する。

第 28 条（外部からの不正アクセス等の防止）

> 　会社は、次に掲げる措置を講ずることにより、外部からの不正アクセス又は不正ソフトウェアから保護する。
> (1) 個人データを取扱う機器等のオペレーティングシステムを最新の状態に保持する
> (2) 個人データを取扱う機器等によりセキュリティ対策ソフトウェア等を導入し、自動更新機能等の活用により、これを最新の状態とする

＜法的根拠等＞

□「削除・廃棄」
・焼却、溶解、適切なシュレッダー処理等の復元不可能な手段を採用する。
・情報システムにおいて、個人データを削除する場合、容易に復元できない手段を採用する。
・個人データが記録された機器、電子媒体等を廃棄する場合、専用のデータ削除ソフトウェアの利用又は物理的な破壊等の手段を採用する。
（ガイドライン）

□「アクセス制御及び識別」
・担当者及び取り扱う個人情報データベース等の範囲を限定するために、適切なアクセス制御を行わなければならない。
・個人データを取り扱う情報システムを使用する従業者が正当なアクセス権を有する者であることを、識別した結果に基づき認証しなければならない。
（ガイドライン）

□「不正アクセス等の防止」
・個人データを取り扱う情報システムを外部からの不正アクセス又は不正ソフトウェアから保護する仕組みを導入し、適切に運用しなければならない。
（ガイドライン）

第29条（情報システムの使用に伴う漏洩等の防止）

> 従業者等は、インターネット等により個人データの含まれるファイルを送信する場合に、当該ファイルに対しパスワードを設定する等、情報漏洩防止策を講じなければならない。

＜法的根拠等＞
- 「漏洩等の防止」
・情報システムの使用に伴う個人データの漏洩等を防止するための措置を講じ、適切に運用しなければならない。
（ガイドライン）

第8章　保有個人データに関する開示請求等への対応

第30条（保有個人データに関する事項の公表等）

> 会社は、保有個人データに関し、以下に掲げる事項について「個人情報保護基本方針」に記載し、ホームページでの常時掲載を行うこと又は事務所の窓口等での掲示・備付けを行う。
> (1)　会社の名称
> (2)　すべての保有個人データの利用目的
> (3)　次条及び第19条（第三者提供を受ける際の確認等）に規定する求めに応じる手続の定め
> (4)　保有個人データの取扱いに関する苦情の申出先

- 【保有個人データに関する事項の公表等】
（個人情報保護法第32条）
「本人から、当該本人が識別される保有個人データの利用目的の通知を求められたときは、本人に対し、遅滞なく、これを通知しなければならない。」
・「個人情報保護基本方針」
・（ホームページ、掲示・備付け）

第31条（保有個人データの開示等）

> 会社は、本人から当該個人が識別される保有個人データについて、開示の請求があったときは、本人に対し書面の交付による方法により、遅滞なく当該保有個人データを開示する。ただし、開示することにより、以下の各号に該当する場合は、その全部又は一部を開示しないことができる。

- 【開示】（個人情報保護法第33条）
「当該本人が識別される保有個人データの電磁的記録の提供による方法その他の個人情報保護委員会規則で定める方法による開示を請求することができる。」

⇒「全部又は一部を開示しないことができる」（例示）

> (1) 本人又は第三者の生命、身体、財産その他の権利・利益を害するおそれがあるとき
> (2) 会社の業務の適正な実施に著しい障害又は支障を及ぼすおそれがあるとき
> (3) 他の法令に違反するとき
> 2 　会社は、前項の規定に基づき請求された保有個人データの全部又は一部について開示しない旨の決定をしたときは、本人に対し遅滞なく、その旨を通知する。この場合、会社は本人に対し当該通知をして、その理由を説明する。

・通知

第32条（保有個人データの訂正、追加、削除）

> 　会社は、本人から、当該本人が識別される保有個人データの内容が事実と異なるという理由によって、訂正、追加又は削除（以下「訂正等」という。）の請求があったときは、本人に確認のうえ、遅滞なく調査を行い、その結果に基づいて当該保有個人データの訂正等を行う。
> 2 　会社は、前項に基づき請求された保有個人データの内容の訂正等を行ったとき、又は訂正等を行わない旨の決定をしたときは、本人に対し遅滞なくその旨（訂正等を行ったときはその内容を含む）を通知する。この場合、会社は本人に対し当該通知において、その理由を説明する。

□【訂正等】（個人情報保護法第34条）
「本人が識別される保有個人データの内容が事実でないときは、当該保有個人データの内容の訂正、追加又は削除を請求することができる。
2 　…利用目的の達成に必要な範囲内において、遅滞なく必要な調査を行い、その結果に基づき、当該保有個人データの内容の訂正等を行わなければならない。（略）」

・理由の説明

第33条（保有個人データの利用停止、消去、第三者提供の停止）

　　会社は、本人から、当該本人が識別される保有個人データが、以下に掲げる事項に該当するときは、本人に確認のうえ、遅滞なく調査を行う。また、その結果に基づいてデータの利用停止又は第三者提供の停止を行う。
(1)　利用目的の制限に違反するという理由で、利用の停止若しくは消去（以下「利用停止等」という。）を求められたとき
(2)　不正の手段により取得したものであるという理由で、利用の停止若しくは消去（以下「利用停止等」という。）を求められたとき
(3)　第三者提供の制限に違反し第三者に提供されているという理由で、第三者への提供の停止（以下「第三者提供の停止」という。）を求められたとき
2　当該保有個人データの利用停止等又は第三者提供の停止に多額の費用を要する場合、その他の利用停止又は第三者提供の停止を行うことが困難な場合で、本人の権利・利益を保護するため必要なこれに代わるべき措置をとるときは、この限りではない。
3　会社は、保有個人データの利用停止等又は第三者提供の停止の措置を行ったとき、又は行わない旨を決定したときは、本人に対し遅滞なくその旨（利用停止等又は第三者提供の停止を行ったときはその内容を含む）の通知をする。この場合、会社は本人に対し当該通知により、その理由を説明する。

＜法的根拠等＞
□【利用停止等】
（個人情報保護法第35条）
「当該本人が…当該保有個人データの利用の停止又は消去を請求することができる。
2　…前項の規定による請求を受けた場合であって、その請求に理由があることが判明したときは、違反を是正するために必要な限度で、遅滞なく、当該保有個人データの利用停止等を行わなければならない。
3　当該保有個人データの第三者への提供の停止を請求することができる。
4　個人情報取扱事業者は、前項の規定による請求を受けた場合であって、その請求に理由があることが判明したときは、遅滞なく、当該保有個人データの第三者への提供を停止しなければならない。」

・費用

・利用停止
・第三者提供の停止の措置

第9章　個人データの委託

第34条（個人データの取扱いの委託）

> 　　部門責任者は、あらかじめ事務取扱責任者の承認を得て、利用目的の達成に必要な範囲内において個人データの取扱いの全部又は一部を委託することができる。
> 2　部門責任者は、前項に基づき個人データの取扱いの全部又は一部を委託する場合は、その取扱いを委託した個人データの安全管理が図られるよう、委託先に対する必要かつ適正な監督をしなければならない。

第35条（申請及び承認）

> 　　従業者等は、個人データの委託にあたって、部門責任者を経由して事務取扱責任者に申請し、承認を得なければならない。

第36条（委託契約）

> 　　部門責任者は、選定した委託先との間で、次の安全管理に関する事項を記載した委託契約の締結を行わなければならない。
> (1) 委託先に対する監督（実地調査を含む。）及び監督報告の徴収に関する権限
> (2) 委託先における個人データの漏洩、事業所外への持出し、盗用、改ざん及び目的外利用の禁止
> (3) 再委託における条件
> (4) 漏洩等が発生した際の委託先の責任
> (5) 委託契約終了後の個人データの返却又は廃棄
> (6) 委託先における従業者等に対する監督・教育

＜法的根拠等＞

☐【第三者提供の制限】
（個人情報保護法第27条）
「あらかじめ本人の同意を得ないで、個人データを第三者に提供してはならない。」

☐【委託先の監督】（個人情報保護法第25条）
「個人データの取扱いの全部又は一部を委託する場合は、その取扱いを委託された個人データの安全管理が図られるよう、委託を受けた者に対する必要かつ適切な監督を行わなければならない。」

☐「申請及び承認」
・部門責任者
・事務取扱責任者

☐「委託契約」
（安全管理についての委託先との契約の締結）
・個人情報の漏洩等を防止する
・漏洩等が発生した際の対応や責任分担を定める
（ガイドライン）

> (7) 委託先において個人データを取扱う部署の確認
> 2 事務取扱責任者は、定期的に委託契約等に記載された安全管理に関する事項を見直さなければならない。

第37条（遵守状況の確認）

> 部門責任者は、定期的又は随時に委託先における委託契約内容の遵守状況を確認する。また、委託先が遵守していない場合には、委託先に対して改善を求めなければならない。

□【委託先の監督】（個人情報保護法第25条）
「個人データの取扱いの全部又は一部を委託する場合は、その取扱いを委託された個人データの安全管理が図られるよう、委託を受けた者に対する必要かつ適切な監督を行わなければならない。」

第10章　事務取扱責任者等の責務と役割

第38条（事務取扱責任者等）

> 会社は、総務部を、個人データの取扱いに関する責任部署とする。
> 2 会社に、事務取扱責任者を1人置く。
> 3 事務取扱責任者には、総務業務担当責任者を充てるものとする。
> 4 部門責任者には、個人データを取扱う各部における所属長が、その任に当たる。

□「責任と役割」
・事務取扱責任者

第39条（事務取扱責任者等の任務）

> 会社は、事務取扱責任者に個人情報の取扱い及び個人データの保護管理に関する業務を統括し、また、この規程に定められた事項を理解させ遵守させる。また、事務取扱担当者に、これを理解させ遵守させるための教育訓練、安全対策の実施及び周知徹底等の措置を実施する責任を負う。

□「任務」
組織的安全管理措置として、次に掲げる措置を講じなければならない。
① 組織体制の整備（安全管理措置を講ずるための組織体制の整備）
② 個人データの取扱いに係る規律に従った運用（あらかじめ整備された個人データの取扱いに係る規律に従って

> 2　事務取扱責任者は、次の業務を所掌する。
> 　(1)　この規程及び委託先の選定基準の承認及び周知
> 　(2)　個人データの安全管理に関する教育、研修の企画及び実施
> 　(3)　個人データの利用申請の承認及び記録等の管理
> 　(4)　個人データの取扱区域並びに権限についての設定及び変更の管理
> 　(5)　個人データの管理区域及び取扱状況の把握
> 　(6)　委託先における個人データの取扱状況等の監督
> 　(7)　その他会社における個人データの安全管理に関すること
> 3　部門責任者は、当該部門における個人情報の取得及び個人データを適切に管理する任に当たり、個人データの適切な管理のために必要な措置を講じ、個人データの安全確保に努める責任を負う。
> 4　事務取扱責任者は、法令遵守の観点から、各部門責任者に対して指導、助言する。

第40条（事務取扱担当者の監督）

> 　事務取扱責任者は、個人データが、この規程に基づき適正に取り扱われるよう、事務取扱担当者に対して必要かつ適切な監督を行う。
> 2　各部門責任者は、当該各部門の事務取扱担当者に対して必要かつ適切な監督を行い、事務取扱責任者に対して必要な報告を行う。

＜法的根拠等＞
の個人データの取扱い）
③　個人データの取扱状況を確認する手段の整備（個人データの取扱状況を確認するための手段の整備）
④　漏洩等事案に対応する体制の整備（漏洩等事案が発生した場合、二次被害の防止、類似事案の発生防止等の観点から、事案に応じて、事実関係及び再発防止策等の早急な公表）
⑤　取扱状況の把握及び安全管理措置の見直し（個人データの取扱状況を把握し、安全管理措置の評価、見直し及び改善の取組み）
（ガイドライン）

□【従業者の監督】（個人情報保護法第24条）
「従業者に個人データを取り扱わせるに当たっては、当該個人データの安全管理が図られるよう、当該従業者に対する必要かつ適切な監督を行わなければならない。」

第 41 条（事務取扱担当者の責務）

> 事務取扱担当者は、以下の事項に該当する場合、法並びにガイドライン等、この規程並びに事務取扱責任者の指示した事項に従い、個人データの保護に十分な注意を払い、その業務を行う。
> (1) 会社の個人データの取扱又は委託処理等
> (2) 個人データを取扱う事務に従事する際
> 2 事務取扱担当者は、①個人情報の漏洩等、②法及びガイドライン等、この規程又はその他の社内規定に違反している事実又は兆候を把握したとき、速やかに所属部門の事務取扱担当者又は事務取扱責任者に報告する。
> 3 所属部門の事務取扱担当者から当該報告を受けた部門責任者は、速やかに事務取扱責任者へ報告する。

第 42 条（この規程に基づく運用状況の記録）

> 事務取扱担当者は、この規程に基づく運用状況を確認するため、以下の項目について記録する。
> (1) 個人情報の取得及び個人情報データベース等ファイルへの入力状況
> (2) 個人情報データベース等の利用、出力状況の記録
> (3) 個人データが記載又は記録された書類・媒体等の持ち運び等の状況
> (4) 個人情報データベース等の削除・廃棄記録
> (5) 削除・廃棄を委託した場合、これを証明する記録等
> (6) 個人情報データベース等を情報システムで取扱う場合、事務取扱担当者の情報システムの利用状況

＜法的根拠等＞

□「責務」
・組織体制として整備する項目の例
① 個人データの取扱いに関する責任者の設置及び責任の明確化
② 個人データを取り扱う従業者及びその役割の明確化
③ 上記の従業者が取り扱う個人データの範囲の明確化
④ 法や個人情報取扱事業者において整備されている個人データの取扱いに係る規律に違反している事実又は兆候を把握した場合の責任者への報告連絡体制
⑤ 個人データの漏洩等事案の発生又は兆候を把握した場合の責任者への報告連絡体制
⑥ 個人データを複数の部署で取り扱う場合の各部署の役割分担及び責任の明確化
（ガイドライン）

□「運用上の記録」
（個人データの取扱いに係る規律に従った運用）
次のような項目に関して、システムログその他の個人データの取扱いに係る記録の整備や業務日誌の作成等を通じて、個人データの取扱いの検証を可能とすることが考えられる。
① 個人情報データベース等の利用・出力状況
② 個人データが記載又は記録された書類・媒体等の持ち運び等の状況
③ 個人情報データベース等の削除・廃棄の状況（委託した場合の消

第43条（取扱状況の確認手段）

事務取扱担当者は、個人情報データベース等の取扱状況を確認するための手段として「個人情報管理台帳」を作成し、以下の事項を記録する。なお、個人情報管理台帳には、個人データ自体は記載しない。

(1) 個人情報データベース等の種類、名称
(2) 個人データの範囲
(3) 利用目的
(4) 記録媒体
(5) 保管場所（管理区域）
(6) 責任者
(7) 取扱部署
(8) 事務取扱担当者
(9) 保存期間
(10) 削除・廃棄方法

第44条（苦情への対応）

事務取扱担当者は、本人から個人情報に関しての苦情の申し出を受けた場合には、その旨を部門責任者に報告する。報告を受けた部門責任者は、適切に対応する。

＜法的根拠等＞

去・廃棄を証明する記録を含む）
④ 個人情報データベース等を情報システムで取り扱う場合、担当者の情報システムの利用状況（ログイン実績、アクセスログ等）
（ガイドライン）

□「個人情報管理台帳」
（個人データの取扱状況を確認する手段の整備）
次のような項目をあらかじめ明確化しておくことにより、個人データの取扱状況を把握可能とすることが考えられる。
① 個人情報データベース等の種類、名称
② 個人データの項目
③ 責任者・取扱部署
④ 利用目的
⑤ アクセス権を有する者　等
（ガイドライン）

□「苦情処理」

⇒苦情処理対応マニュアル作成

第45条（取扱状況の確認並びに安全管理措置の見直し）

　事務取扱責任者は、1年1回以上の頻度又は臨時に「この規程に基づく運用状況の記録」（第42条）に規定する個人データの運用状況の記録、及び「取扱状況の確認手段」（第43条）に規定する個人情報データベース等の取扱状況の確認を実施しなければならない。
2　事務取扱責任者は、前項の確認の結果及び監査の結果に基づき、安全管理措置の評価、見直し及び改善に取り組む。

＜法的根拠等＞
□「確認事項」
① 「（この規程に基づく）運用状況の記録」
② 「取扱状況の確認手段」

・安全管理措置の評価

第11章　その他

第46条（懲　戒）

　会社は、この規程に違反した従業者等に対して、就業規則に基づき懲戒処分を行う。

□「懲戒処分」
・就業規則と懲戒処分

第47条（損害賠償）

　従業者等がこの規程に違反し、会社に損害を与えたときは、会社の被った損害を賠償するものとする。
2　従業者等は、前条の規定により懲戒されたことによって、損害賠償の責任を免れることはない。

□「損害賠償」
・損害賠償（民法第709条）

第48条（改　廃）

　本規程の改廃は、取締役会の決議により行う。

第49条（施　行）

> この規程は、令和6年○月○日より施行する。

<法的根拠等>

8 安全衛生管理規程

□労働安全衛生法　第1条（目的）
　従業員の安全と衛生の確保

□労働安全衛生法　第3条（事業者等の責務）
　労働災害の防止、快適な職場環境の実現、労働条件の改善を通じて職場における従業員の安全と健康を確保する国が実施する労働災害の防止に関する施策に協力する

□労働安全衛生規則について（以下「通達」という）／厚生労働省通達昭和47年9月18日基発第601号の1

法令略称
・労働安全衛生法………安衛法
・労働安全衛生規則……安衛則

第1章 総　則

第1条（目　的）

　　この規程は、労働基準法、労働安全衛生法及び株式会社〇〇〇〇（以下「会社」という。）の就業規則（安全衛生）に基づき、会社における安全衛生活動の充実を図り、労働災害を未然に防止するために必要な基本的事項を明確にし、従業員の安全と健康を確保するとともに快適な職場環境の形成を促進することを目的として定めるものである。

第2条（適用の範囲）

　　会社の安全衛生管理に関して必要な事項は、労働安全衛生法、労働安全衛生関係法令（以下「関係法令」という。）及びこの規程の定めによる。

第3条（会社の責務）

　　会社は、安全衛生管理体制を確立し、労働災害を防止するために必要な措置を積極的に推進する。

第4条（従業員の義務）

　　従業員は、会社が労働安全衛生法及び関係法令並びに本規程に基づき講ずる措置に積極的に協力し、労働災害防止及び健康保持増進に努めなければならない。

＜法的根拠等＞

※以下、第1条関係
□安衛法第1条（目的）
「労働災害の防止のための危害防止基準の確立、責任体制の明確化及び自主的活動の促進の措置を講ずる等その防止に関する総合的計画的な対策を推進することにより職場における労働者の安全と健康を確保するとともに、快適な職場環境の形成を促進することを目的とする。」

※以下、第3条関係
□安衛法第3条（事業者等の責務）
「事業者は、単にこの法律で定める労働災害の防止のための最低基準を守るだけでなく、快適な職場環境の実現と労働条件の改善を通じて職場における労働者の安全と健康を確保するようにしなければならない。」

※以下、第4条関係
□安衛法第4条
「労働者は、労働災害を防止するため必要な事項を守るほか、事業者その他の関係者が実施する労働災害の防止に関する措置に協力するように努めなければならない。」

第2章　安全・衛生管理

第5条（安全衛生管理体制）

> 　　会社は、労働安全衛生法に基づき衛生管理者、産業医、衛生委員会を設置し、従業員の衛生及び健康管理に関する必要な職務を行わせる。
> 2　会社は、衛生委員会の審議事項に「安全に関する審議事項」を加え、「衛生委員会」を「安全衛生委員会」へ名称を変更する。

第6条（衛生管理者）

> 　　会社は、労働安全衛生法に基づき衛生管理者を選任する。
> 2　衛生管理者は、主として、次の職務の範囲とする。
> (1)　健康に異常のある者の発見
> (2)　作業環境の衛生上の調査
> (3)　作業条件、施設等の衛生上の改善
> (4)　労働衛生保護具、救急用具等の点検及び整備
> (5)　衛生教育、健康相談その他従業員の健康保持に必要な事項
> (6)　従業員の負傷及び疾病、それによる死亡、欠勤及び移動に関する統計の作成
> (7)　衛生日誌の記載等職務上の記録の整備
> 3　衛生管理者は、少なくとも毎週1回、職場を巡視し、設備、作業方法又は衛生状態に有害のおそれがあるときには、直ちに従業員の健康障害を防止するため必要な措置を講じなければならない。
> 4　会社は、衛生管理者が職務を遂行することができないときには、関係法令の定めにより代理者を選任し、これを代行させる。

＜法的根拠等＞

※以下、第5条関係
□安衛法第12条（衛生管理者）
□安衛法13条（産業医等）
□安衛則第7条（衛生管理者の選任）
□安衛則第13条（産業医の選任等）

○安全に関する審議事項
1．労働者の危険を防止するための基本となるべき対策に関すること。
2．労働災害の原因及び再発防止対策で、安全に係るものに関すること。
3．安全に関する規程の作成に関すること。
4．危険性又は有害性等の調査及びその結果に基づき講ずる措置のうち、安全に係るものに関すること。
5．安全衛生に関する計画（安全に係る部分）の作成、実施、評価及び改善に関すること。
6．安全教育の実施計画の作成に関すること。
7．厚生労働大臣、都道府県労働局長、労働基準監督署長、労働基準監督官又は産業安全専門官から文書により命令、指示、勧告又は指導を受けた事項のうち、労働者の危険の防止に関すること。

※以下、第6条関係
□安衛法第12条（衛生管理者）
□安衛則第7条（衛生管理者の選任）

＜衛生に関する措置＞
イ　健康に異常のある者

第7条（産業医）

　　　　会社は、労働安全衛生法に基づき産業医を選任する。
2　産業医は、次の事項を医学的見地から管理する。
　(1)　健康診断の実施及びその結果に基づく従業員の健康を保持するための措置に関すること
　(2)　長時間労働者に対する面接指導及びその結果に基づく措置並びに当該労働者以外の労働者で健康への配慮が必要な者に対する措置に関すること
　(3)　心理的な負担の程度を把握するための検査（ストレスチェック）の実施並びにその結果に基づく面接指導の実施及び当該面接指導の結果に基づく労働者の健康を保持するための措置に関すること
　(4)　作業環境の維持管理に関すること
　(5)　作業の管理に関すること
　(6)　従業員の健康管理に関すること
　(7)　健康教育、健康相談その他従業員の健康の保持増進を図るための措置に関すること
　(8)　衛生教育に関すること
　(9)　従業員の健康障害の原因の調査及び再発防止のための措置に関すること
3　産業医は、少なくとも毎月1回、職場を巡視し、作業方法又は衛生状態に有害のおそれがあるときは、直ちに従業員の健康障害を防止するために必要な措置を講じなければならない。

＜法的根拠等＞
　の発見および処置
ロ　作業環境の衛生上の調査
ハ　作業条件、施設等の衛生上の改善
ニ　労働衛生保護具、救急用具等の点検および整備
ホ　衛生教育、健康相談その他労働者の健康保持に必要な事項
ヘ　労働者の負傷および疾病、それによる死亡、欠勤および移動に関する統計の作成
ト　その事業の労働者が行なう作業が他の事業の労働者が行なう作業と同一の場所において行なわれる場合における衛生に関し必要な措置
チ　その他衛生日誌の記載等職務上の記録の整備等
（通達）

□安衛則第11条（衛生管理者の定期巡視及び権限の付与）
「衛生管理者は、少なくとも毎週1回作業場等を巡視し、設備、作業方法又は衛生状態に有害のおそれがあるときは、直ちに、労働者の健康障害を防止するため必要な措置を講じなければならない。」

※以下、**第7条関係**
□安衛法第13条（産業医等）
□安衛則第13条（産業医の選任等）

＜産業医の職務＞
・健康診断の実施及びその結果に基づく労働者

第8条（安全管理者）

> 会社は、職場の安全管理を推進するために、安全管理者を設ける。
> 2　安全管理者は、主として、次の職務の範囲とする。
> (1)　建設物、設備、作業場所又は作業方法に危険がある場合における応急措置又は適切な防止の措置
> (2)　安全装置、保護具その他危険防止のための設備・器具の定期点検
> (3)　作業の安全についての教育及び訓練
> (4)　発生した災害原因の調査及び対策の検討
> (5)　消防及び避難の訓練
> (6)　安全に関する資料の作成、収集及び重要事項の記録
> 3　安全管理者は、作業場を巡視し、設備、作業方法等に危険のおそれがあるときは、直ちにその危険を防止するために必要な措置を講じなければならない。

第9条（安全衛生委員会）

> 会社は、労働安全衛生法に基づき安全衛生委員会を設置し、安全及び衛生に関する事項について従業員の意見を聴き、従業員の安全及び衛生の改善及び向上を図る。
> 2　安全衛生委員会については、別に定める「安全衛生委員会規則」による。

＜法的根拠等＞
の健康を保持するための措置に関わること。
・作業環境の維持管理に関すること。
・作業の管理に関すること。
・労働者の健康管理に関すること。
・健康教育、健康相談その他労働者の健康の保持増進を図るための措置に関すること。
・衛生教育に関すること。
・労働者の健康障害の原因の調査及び再発防止のための措置に関すること。

□安衛則第15条（産業医の定期巡視）
「産業医は、少なくとも毎月1回作業場等を巡視し、作業方法又は衛生状態に有害のおそれがあるときは、直ちに、労働者の健康障害を防止するため必要な措置を講じなければならない。」

※以下、第8条関係
□安衛法第11条（安全管理者）

＜安全に関する措置＞
イ　建設物、設備、作業場所または作業方法に危険がある場合における応急措置または適当な防止の措置（設備新設時、新生産方式採用時等における安全面からの検討を含む。）
ロ　安全装置、保護具その他危険防止のための設備・器具の定期的点検および整備
ハ　作業の安全についての教育および訓練
ニ　発生した災害原因の

第3章　健康の保持増進措置等

第10条（健康診断及び面接指導）

> 　　会社は、次の各号の健康診断を行う。実施の細目については、労働安全衛生法及び関係法令に基づき、会社が決定する。
> (1)　雇入時健康診断
> (2)　定期健康診断（従業員に対して毎年1回行う）
> (3)　その他健康診断（特定業務従事者の健康診断等）
> 2　前項の健康診断の取扱いについては、別に定める「健康管理規程」による。

第11条（自発的健康診断）

> 　　従業員が、午後10時から午前5時までの間における業務（以下「深夜業」という。）に従事した場合で、以下に該当するときは、自ら受けた健康診断の結果を会社に提出することができる。
> (1)　6か月を平均して1月当たり4回以上深夜業に従事したとき
> (2)　当該健康診断を受けた日から3か月を経過するまでの間
> 2　前項の健康診断は、別に定める「健康管理規程」第5条（健康診断）第4項並びに第6項を準用する。

＜法的根拠等＞

調査および対策の検討
ホ　消防および避難の訓練
ヘ　作業主任者その他安全に関する補助者の監督
ト　安全に関する資料の作成、収集および重要事項の記録
チ　その事業の労働者が行なう作業が他の事業の労働者が行なう作業と同一の場所において行なわれる場合における安全に関し、必要な措置
（通達）

□安衛則第6条（安全管理者の巡視及び権限の付与）
「安全管理者は、作業場等を巡視し、設備、作業方法等に危険のおそれがあるときは、直ちに、その危険を防止するため必要な措置を講じなければならない。」

（注）安全管理者の選任は必要ないか。
職場の安全管理を推進するための必要な措置として「安全衛生管理者」を設ける。

※以下、第9条関係
□安衛法第19条（安全衛生委員会）

※以下、第10条関係
□安衛法第66条（健康診断）
「事業者は、労働者に対し、厚生労働省令で定めるところにより、医師による健康診断を行わなければならない。」

第12条（秘密保持）

会社及び健康診断の実施の事務に従事した者は、その実施に関して知り得た従業員の心身の状態の情報の秘密を漏らしてはならない。

2　前項に関して、社員の心身の状態の情報の取扱いについては、別に定める「心身の状態の情報の取扱規程」による。

第13条（病者の就業禁止）

会社は、伝染病の疾病その他の疾病で、関係法令の定めるものに罹患した従業員に対し、その就業を禁止する。

2　会社から就業の禁止を指示された従業員は就業してはならない。

第14条（健康の保持増進措置）

会社は、従業員に対する健康教育、健康相談及びその他従業員の健康の保持増進を図るため必要な措置を継続的、かつ、計画的に講ずるよう努める。

2　従業員は、前項の会社が講ずる措置を利用してその健康の保持増進に努めなければならない。

第15条（改　廃）

本規程の改廃は、取締役会の決議により行う。

＜法的根拠等＞

□安衛則第44条（定期健康診断）

※以下、第11条関係
□安衛法第66条の2（自発的健康診断の結果の提出）
「午後10時から午前5時までの間における業務に従事する労働者であって、その深夜業の回数その他の事項が深夜業に従事する労働者の健康の保持を考慮して厚生労働省令で定める要件に該当するものは、厚生労働省令で定めるところにより、自ら受けた健康診断の結果を証明する書面を事業者に提出することができる。」

※以下、第12条関係
□安衛法第104条（心身の状態に関する情報の取扱い）
「労働者の心身の状態に関する情報を収集し、保管し、又は使用するに当たっては、労働者の健康の確保に必要な範囲内で労働者の心身の状態に関する情報を収集し、並びに当該収集の目的の範囲内でこれを保管し、及び使用しなければならない。ただし、本人の同意がある場合その他正当な事由がある場合は、この限りでない。」

※『労働者の心身の状態に関する情報の適正な取扱いのために事業者が講ずべき措置に関する指針』
厚労省公示第2号（2022年3月31日）

第 16 条（施　行）

> 本規程は、令和 6 年○月○日より施行する。

第 17 条（付属規程）

> この規程を含め安全衛生管理に関する規程等を、次のとおり設ける。
> (1)　安全衛生管理規程
> (2)　安全衛生委員会規則
> (3)　健康管理規程
> (4)　心身の状態の情報の取扱規程

＜法的根拠等＞

※以下、第 13 条関係
□安衛法第 68 条（病者の就業禁止）
「事業者は、伝染性の疾病その他の疾病で、厚生労働省令で定めるものにかかった労働者については、厚生労働省令で定めるところにより、その就業を禁止しなければならない。」
□安衛則第 61 条（病者の就業禁止）

※以下、第 14 条関係
□安衛法第 69 条（健康教育等）
「事業者は、労働者に対する健康教育及び健康相談その他労働者の健康の保持増進を図るため必要な措置を継続的かつ計画的に講ずるように努めなければならない。
2　労働者は、前項の事業者が講ずる措置を利用して、その健康の保持増進に努めるものとする。」

9 安全衛生委員会規則

労働安全衛生法施行令　第9条
（衛生委員会を設けるべき事業場）
……従業員50人以上

参考：安全委員会は、業種と規模により設置義務が異なる。当該事業場は、法令上の設置義務はないが、危険を伴う職種があり防火管理体制、非常時災害防衛が必要なため安全委員会（安全衛生委員会）を設置する。

法令略称
・労働安全衛生法………安衛法
・労働安全衛生規則……安衛則

第1章　総　則

第1条（目　的）

> 本委員会は、職場の安全及び衛生管理体制を整備確立するとともに、従業員の仕事と生活の調和及び従業員の安全及び健康の保持増進を図り、明るく快適な職場環境を形成することを目的とする。

第2条（安全に関する審議事項）

> 安全に関する審議事項は、次のとおりとする。
> (1)　従業員の危険を防止するための基本となるべき対策に関すること
> (2)　労働災害の原因及び再発防止対策で安全に係るものに関すること
> (3)　従業員の危険防止に関する次の重要事項
> 　　① 　安全に関する規程の作成に関すること
> 　　② 　危険性又は有害性等の調査及びその結果に基づき講ずる措置のうち安全に係るものに関すること
> 　　③ 　安全衛生に関する計画（安全に係る部分に限る。）の作成、実施、評価及び改善に関すること
> 　　④ 　安全教育の実施計画の作成に関すること

第3条（衛生に関する審議事項）

> 衛生に関する審議事項は、次のとおりとする。
> (1)　従業員の健康及び健康障害を防止するための基本となるべき対策に関すること
> (2)　従業員の健康の保持増進を図るための基本となるべき対策に関すること

＜法的根拠等＞

□安衛法第17条（安全委員会）
「事業者は、政令で定める業種及び規模の事業場ごとに、次の事項を調査審議させ、事業者に対し意見を述べさせるため、安全委員会を設けなければならない。
1　労働者の危険を防止するための基本となるべき対策に関すること。
2　労働災害の原因及び再発防止対策で、安全に係るものに関すること。
3　前二号に掲げるもののほか、労働者の危険の防止に関する重要事項」

□安衛則第21条（安全委員会の付議事項）

□安衛法第18条（衛生委員会）
「事業者は、政令で定める規模の事業場ごとに、次の事項を調査審議させ、事業者に対し意見を述べさせるため、衛生委員会を設けなければならない。

(3) 業務上発生した事故の原因及び再発防止対策で、衛生に関すること
  (4) 従業員の健康障害の防止及び健康の保持増進に関する次の重要事項
    ① 衛生に関する規定の作成に関すること
    ② 衛生に関する教育の実施計画の作成に関すること
    ③ 健康診断の結果及び健康診断の結果に対する対策の樹立に関すること
    ④ 従業員の健康の保持増進を図るための実施計画の作成に関すること
    ⑤ 長時間労働による従業員の健康障害の防止を図るための対策の樹立に関すること
    ⑥ 従業員の精神的健康の保持増進を図るための対策の樹立に関すること
    ⑦ 関係官庁等からの文書による命令、指示、勧告又は指導を受けた事項のうち、従業員の健康障害の防止に関すること

<法的根拠等>
1 労働者の健康障害を防止するための基本となるべき対策に関すること。
2 労働者の健康の保持増進を図るための基本となるべき対策に関すること。
3 労働災害の原因及び再発防止対策で、衛生に係るものに関すること。
4 前三号に掲げるもののほか、労働者の健康障害の防止及び健康の保持増進に関する重要事項」

□安衛則第22条(衛生委員会の付議事項)

第4条（委　員）

　本委員会の構成は、本規則第5条（委員の構成）のとおりとし、委員は会社指名の者及び従業員選出の職場委員それぞれ同数をもって構成する。
2　前項の規定にかかわらず、本委員会が必要と認めたときは、関係者を出席させ、意見を述べることができる。

□安衛法第19条(安全衛生委員会)

第5条（委員の構成）

> 本委員会の委員は、次の者をもって構成する。
> (1) 総括安全衛生管理者又は事業の実施を統括管理する者若しくはこれに準ずる者　1名
> (2) 安全管理者及び衛生管理者の中から会社が指名した者　1名
> (3) 産業医の中から会社が指名した者　1名
> (4) 安全・衛生に関し経験を有する従業員の中から会社が指名した者　3名
> 2　委員長は、総括安全衛生管理者（事業場を実質統括管理する者）とする。
> 3　副委員長は、委員のうち総括安全衛生管理者の代理者とする。

第6条（任　務）

> 本委員会構成員の任務は、次のとおりとする。
> (1) 委員長は、委員会を統括するとともに、会議の議長を務め、委員会の付議事項及びその他必要な事項を処理する
> (2) 副委員長は、委員長を補佐し、委員長に支障があるときはこれを代行する
> (3) 委員は、委員会の審議に参画する
> 2　委員は、委員長の指示により安全作業及び職場衛生並びに労働時間等に関する事項について調査及び指導を行いその結果を委員会に報告する。

第7条（委員会の開催）

> 本委員会は、毎月1回以上開催する。

＜法的根拠等＞

□安衛法第19条（安全衛生委員会）

＜構成メンバーの人数＞
構成メンバーのうち、「総括安全衛生管理者又は事業の実施を統括管理する者若しくはこれに準ずる者」は1名と決まっています。
それ以外の構成メンバーの各人数に、法令上の決まりはありません。事業の規模や、業務の実態に即して対応しましょう。

□労働基準監督署長への報告・届出
・衛生管理者選任報告（安衛則第7条）
・産業医選任報告（安衛則第13条）
・総括安全衛生管理者選任報告（安衛則第2条）

□安衛則第23条（委員会の会議）

□安衛則第23条（委員会の会議）
「事業者は、安全委員会、衛生委員会又は安全衛生委員会を毎月1回以上開催するようにしなければならない。」

第 8 条（議事の周知）

本委員会は、委員会を開催するたびに、遅滞なく議事の概要又は議事録を従業員に周知する。

第 9 条（任　期）

委員会の委員の任期は、2 年とする。
(1)　委員に欠員を生じたときは速やかに補充する
(2)　補充委員会の任期は前任者の残任期間とする

第 10 条（事務局）

本委員会の事務局は総務部とし、議事録は 3 年間保存する。

第 11 条（審議事項の追加）

会社は、感染症防止対策を検討するに当たり、衛生委員会（衛生管理者及び産業医を含む）の調査審議を経て、「労働衛生管理体制」の再確認を行う。
2　前項の再確認を行うため、次の項目（労働局の定める指定のチェックリストの内容（以下「チェックリスト」という。）に基づき改善対策に繋げる。
(1)　感染予防のための体制
(2)　感染防止のための基本的な対策
(3)　感染防止のための具体的な対策
(4)　配慮が必要な労働者への対応
(5)　陽性者又は濃厚接触者が出た場合等の対応
(6)　熱中症の予防
3　前項の再確認を行うためのチェックリストの内容に変更があったときは、その内容に従い再確認を行う。

＜法的根拠等＞

□安衛則第 23 条第 3 項（委員会の会議）
「事業者は、委員会の開催の都度、遅滞なく、委員会における議事の概要を次に掲げるいずれかの方法によって労働者に周知させなければならない。
一　常時各作業場の見やすい場所に掲示し、又は備え付けること。
二　書面を労働者に交付すること。
三　磁気テープ、磁気ディスクその他これらに準ずる物に記録し、かつ、各作業場に労働者が当該記録の内容を常時確認できる機器を設置すること。」

□安衛則第 23 条第 4 項（委員会の会議）
「事業者は、委員会の開催の都度、次に掲げる事項を記録し、これを 3 年間保存しなければならない。」

□感染症予防法（感染症の予防及び感染症の患者に対する医療に関する法律）第 18 条（就業制限）

<法的根拠等>

第 12 条（改　廃）

> 本規則の改廃は、取締役会の決議により行う。

第 13 条（施　行）

> 本規則は、令和 6 年〇月〇日より施行する。

第 14 条（付属規程）

> 　この規則を含めて安全衛生管理に関する規程等を次のとおり設ける。
> (1)　安全衛生管理規程
> (2)　安全衛生委員会規則
> (3)　健康管理規程
> (4)　心身の状態の情報の取扱規程

10 健康管理規程

□労働安全衛生法　第66条（健康診断）
　従業員に医師による健康診断を行わなければならない

□労働安全衛生法　第66条の5（健康診断実施後の措置）
　必要があると認めるときは、就業場所の変更、作業の転換、労働時間の短縮深夜業の回数の減少等の措置を講ずる

□労働安全衛生法　第66条の8（面接指導等）
　要件に該当する従業員に対し医師による面接指導を行わなければならない

□労働安全衛生法　第68条（病者の就業禁止）
　伝染性の疾病その他の疾病にかかった従業員については就業を禁止しなければならない

◎関係法令等
□過重労働による健康障害防止のための総合対策（平18.3.17基発0317008号）

□労働安全衛生法　第66条の10、第103条
　労働安全衛生規則第52条の9～第52条の14
　ストレスチェック（心理的な負担の程度を把握するための検査）

法令略称
・労働安全衛生法………安衛法
・労働安全衛生規則……安衛則

第1条（目　的）

> この規程は、従業員の衛生及び健康管理について定めるものである。

第2条（規程の遵守）

> 会社は、この規程に定める基準を遵守し、従業員の衛生及び健康管理に必要な措置を講ずる。
> 2　従業員は、この規程及び衛生管理に従事する者の指示に従うとともに、常に自己の健康の保持に努めなければならない。

第3条（衛生管理者等の選任と職務）

> 会社は、労働安全衛生法に基づき衛生管理者及び産業医、また、従業員50人以下の事業所にあっては衛生推進者を選任し、従業員の衛生及び健康管理に関する職務を行わせる。

第4条（衛生委員会）

> 会社は、労働安全衛生法に基づき衛生委員会を設置し、衛生に関する事項について従業員の意見を聴き、衛生の改善及び向上を図る。
> 2　前項の衛生委員会の設置及び運営については、別に定める「衛生委員会規則」による。

＜法的根拠等＞

□安衛法第1条（目的）
「労働災害の防止のための危害防止基準の確立、責任体制の明確化及び自主的活動の促進の措置を講ずる等その防止に関する総合的計画的な対策を推進することにより職場における労働者の安全と健康を確保するとともに、快適な職場環境の形成を促進することを目的とする。」

□安衛法第12条（衛生管理者）
□安衛法第12条の2（安全衛生推進者等）
□安衛法第13条（産業医等）
□安衛則第7条（衛生管理者の選任）
□安衛則第13条（産業医の選任等）

□安衛法第18条（衛生委員会）
「政令で定める規模の事業場ごとに、次の事項を調査審議させ、事業者に対し意見を述べさせるため、衛生委員会を設けなければならない。
1　労働者の健康障害を防止するための基本となるべき対策に関すること。
2　労働者の健康の保持増進を図るための基本となるべき対策に関すること。
3　労働災害の原因及び再発防止対策で、衛生に係るものに関すること。

第5条（健康診断）

　　会社は、次の各号の健康診断を行う。実施の細目については、関係法令の定めにより会社が決定する。
　(1)　雇入時健康診断
　(2)　定期健康診断（従業員に対して、毎年1回行う）
　(3)　その他の健康診断（特定業務従事者の健康診断等）
2　前項各号で定めた健康診断（以下「定期健康診断等」という。）は、会社が指定する医療機関で行う。
3　従業員は、第1項に規定する定期健康診断等を受診しなければならない。ただし、受診できなかった従業員が他の医師の診断を受け、その結果について医師の証明書を会社に提出したときは、受診しなくてよい。
4　会社は、定期健康診断等を受診した従業員に当該健康診断の結果を通知する。
5　従業員が、午後10時から午前5時までの間で業務（以下「深夜業」という。）に従事した場合で、以下に該当するときは、自ら受けた健康診断（以下「自発的健康診断」という。）の結果を会社に提出することができる。
　(1)　6か月を平均して1月当たり4回以上深夜業に従事したとき
　(2)　当該健康診断を受けた日から3か月を経過するまでの間
6　従業員が、前項で自発的健康診断の結果を会社に提出した場合で、その診断に費用がかかる証明書を提出したときに限り、会社がその費用を負担する。

＜法的根拠等＞

4　前各号に掲げるもののほか、労働者の健康障害の防止及び健康の保持増進に関する重要事項」

□安衛法第66条（健康診断）「事業者は、労働者に対し、厚生労働省令で定めるところにより、医師による健康診断を行わなければならない。」

□安衛則第44条（定期健康診断）

□安衛法第66条第5項「労働者は、…事業者が行なう健康診断を受けなければならない。…他の医師又は歯科医師の行なうこれらの規定による健康診断に相当する健康診断を受け、その結果を証明する書面を事業者に提出したときは、この限りでない。」

□安衛法第66条の6、安衛則第51条の4（健康診断の結果の通知）

□安衛法第66条の2（自発的健康診断の結果の提出）「午後10時から午前5時までの間における業務に従事する労働者であって、その深夜業の回数その他の事項が深夜業に従事する労働者の健康の保持を考慮して厚生労働省令で定める要件に該当するものは、厚生労働省令で定めるところにより、自ら受けた健康診断の結果を証明する書面を事業者に提出する

第6条（面接指導）

会社は、業務の過重な負荷による健康障害防止の観点から、次の場合は医師等による面接指導を行う。
(1) 1週間当たり40時間を超えて行う労働が1か月当たり80時間を超えた従業員が申し出たとき
2 会社は、前項の健康障害防止の観点から、従業員の出社及び退社の時刻を記録し、常に労働時間の状況を把握しておかなければならない。
3 会社は、医師等の意見を勘案し、その必要があると認めるときは、従業員の健康状態等を考慮して、次の措置を講ずる。
(1) 就業場所の変更
(2) 作業の転換
(3) 労働時間の短縮等の措置
(4) 作業環境測定の実施、施設又は設備の設置、その整備
(5) その他の適切な措置

第7条（健康の評価・管理）

産業医又は会社の指定医は、定期健康診断等の結果に基づき従業員の健康評価を行い、健康管理を行う。

第8条（有所見者に対する措置）

従業員が、定期健康診断等の結果を受け、産業医又は会社の指定医により次の健康管理基準に基づき有所見者との診断を受けたときは、会社が認めるものに限り、次に定める措置を受けることができる。

<法的根拠等>

ことができる。」
□安衛法第66条の8、第66条の8の2（面接指導等）
□安衛則第52条の2（面接指導の対象となる労働者の要件等）

□安衛法第66条の8の3
「事業者は、…面接指導を実施するため、厚生労働省令で定める方法により、労働者の労働時間の状況を把握しなければならない。」

□安衛法第66条の8第5項
「事業者は、…医師の意見を勘案し、その必要があると認めるときは、当該労働者の実情を考慮して、就業場所の変更、作業の転換、労働時間の短縮、深夜業の回数の減少等の措置を講ずるほか、当該医師の意見の衛生委員会若しくは安全衛生委員会又は労働時間等設定改善委員会への報告その他の適切な措置を講じなければならない。」

□安衛法第66条の5（健康診断実施後の措置）

<健康管理基準>

分類		符号	分類基準	医療程度及び産業医による健診の措置	勤務に関する措置
健康者		A	健康者	不要	通常勤務
有所見者	要観察者	B	就業上の措置が不要な疾患者	病状により定期的な健診を実施のうえ通常勤務	通常勤務
	要治療者	C	病勢悪化の懸念があり就業制限を要する疾患者	医師による直接の医療を要する定期的な健診を実施	勤務制限
	要療養者	D	休業のうえ療養を要する疾患者	入院治療又は自宅療養	就業禁止

2　前項表中の勤務制限とは病状により、時間外勤務、深夜勤務、休日勤務、交代制勤務、宿泊出張、過重な日帰り出張等の禁止、又は担当業務の変更等を具体的に指示することをいう。

3　前項において、産業医又は会社の指定医以外の医師によって、健康管理基準に基づき有所見者に該当するものと診断された者は、改めて産業医又は会社の指定医による診断を受けるよう命ずることがある。

4　会社が第1項の措置を実施するに際しては、有所見者の実情を聴取し、これを考慮して行う。

第9条（要治療者の出勤）

要治療者が出勤するときは、あらかじめ産業医又は会社の指定医の意見を聴かなければならない。

第10条（アフター・ケア施策）

> 要治療者の出勤後の勤務について、産業医又は会社の指定医が健康回復のため勤務上の保護を与える必要があると判断したときは、必要に応じて次の保護措置を講ずる。
> (1) 保護期間
>   3か月以内とする。
> (2) 勤務時間の短縮
>   勤務時間短縮区分及び期間は、産業医又は会社の指定医の所見に基づき決定し、始業及び終業時刻は、その都度会社が決定する。
> (3) 勤務制限
>   保護期間中は、時間外勤務、深夜勤務、休日勤務、交代制勤務、宿泊出張及び過重な日帰り出張はさせない。
> (4) 保護期間中に健康診断のため出勤できないときは、会社が認めた場合に限り、欠勤扱いとしない。ただし、健康診断を受診したことがわかる証明書を会社に提出すること。

＜法的根拠等＞

□安衛法第66条の5（健康診断実施後の措置）
「事業者は、前条の規定による医師又は歯科医師の意見を勘案し、その必要があると認めるときは、当該労働者の実情を考慮して、就業場所の変更、作業の転換、労働時間の短縮、深夜業の回数の減少等の措置を講ずるほか、作業環境測定の実施、施設又は設備の設置又は整備、当該医師又は歯科医師の意見の衛生委員会若しくは安全衛生委員会又は労働時間等設定改善委員会への報告その他の適切な措置を講じなければならない。」

第11条（妊婦の保護）

> 会社は、妊娠中の女性従業員が申し出たときは、就業規則の定めにより、担当業務の軽減又は転換を図る。

□労働基準法第65条第3項（産前産後）
「使用者は、妊娠中の女性が請求した場合においては、他の軽易な業務に転換させなければならない。」

第12条（病者の就業禁止）

> 次の各号のいずれかに該当する従業員は、就業させない。
> (1) 伝染のおそれのある疾病にかかったとき
> (2) 心臓、腎臓、肺等の疾病で、就業により、病勢が著しく増悪するおそれがあるとき
> (3) 前各号に準ずる疾病で厚生労働大臣が定めるものにかかったとき
> 2 前項の規定にかかわらず、会社は、次の各号のいずれかに該当する従業員は、その就業を禁止することがある。
> (1) 従業員の心身の状況が業務に適しないと判断したとき
> (2) 当該従業員に対して、国等の公の機関から、外出禁止又は外出自粛の要請があったとき
> 3 会社は、前項第1号の規定により、就業を禁止しようとするときは、あらかじめ、会社が指定する医師の意見を聴くものとする。
> 4 従業員は、前2項に該当するおそれがあるときは、直ちに会社に届け出なければならない。
> 5 第1項及び第2項の規定により、就業を禁止された期間は、無給とする。ただし、会社が必要と認めるときは、有給の特別休暇を付与し、又は在宅での軽易な業務を命ずることができる。

＜法的根拠等＞

□安衛法第68条
「事業者は、伝染性の疾病その他の疾病で、厚生労働省令で定めるものにかかった労働者については、厚生労働省令で定めるところにより、その就業を禁止しなければならない。」
□安衛則第61条（病者の就業禁止）

第13条（感染症等）

> 従業員が、厚生労働省の定める感染症の分類1類から3類に相当する感染症に感染した場合は、会社は、次の措置を講ずる。

□感染症予防法（感染症の予防及び感染症の患者に対する医療に関する法律）第18条（就業制限）

<法的根拠等>

> (1) 社会状況等を鑑み必要と認められるときには、当該従業員を就業禁止とする。なお、感染症に感染し、就業禁止を受けた従業員のうち、被用者保険加入者については、傷病手当金の支給申請を行うことができる。
> (2) 従業員が、当該感染症の濃厚接触者と特定又は濃厚接触者の疑いがあると判断された場合、在宅での軽易な業務に就かせることがある。ただし、会社が、当該従業員の就業日に就業を禁止するときは、10日を限度として、特別有給休暇を与える。

第14条（伝染病発生時の措置）

> 従業員は、同居又は近隣の者に伝染病が発生した場合、又はその疑いのある場合は、直ちに保健所に連絡のうえ指示に従うとともに、速やかに会社に届け出なければならない。

第15条（ストレス検査及び面接指導）

> 会社は、従業員に対して、医師、保健師等（以下「医師等」という。）によるストレス検査を行う。
> 2 前項の検査の結果は、当該検査を行った医師等から検査を受けた従業員に通知されるものとし、あらかじめ当該従業員の同意を得た場合に限り、当該医師等により会社にも結果が提供されるものとする。
> 3 会社は、前項の通知を受けた従業員であって、法令で定める要件に該当する者が申し出たときは、当該従業員に対し、医師等による面接指導を行う。

□安衛法第66条の10（心理的な負担の程度を把握するための検査等）
「事業者は、労働者に対し、厚生労働省令で定めるところにより、医師、保健師その他の厚生労働省令で定める者（以下この条において「医師等」という。）による心理的な負担の程度を把握するための検査を行わなければならない。」

第16条（職場における健康維持の阻害要因）
※資料別掲（P.130）

> 　従業員の精神的・身体的な健康状態の維持を阻害する要因として、次に掲げる疾患又は障害があり、会社は、発生を未然に防ぐために必要な健康確保措置を講ずる。
>
> (1) 脳・心臓疾患の発生（業務による明らかな過重負荷を受けたことによる発生）
> (2) 精神障害の発生（業務による強い心理的負荷を受けたことによる発生）

<法的根拠等>

○脳・心臓疾患の労災認定基準

○精神障害の労災認定基準

第17条（衛生教育）

> 　会社は、従業員の雇入れ時に、労働安全衛生法及び法令に基づき、その従事する業務に関する衛生のための教育を行う。

□安衛法第59条（安全衛生教育）
「事業者は、労働者を雇い入れたときは、当該労働者に対し、厚生労働省令で定めるところにより、その従事する業務に関する安全又は衛生のための教育を行なわなければならない。」

第18条（健康教育）

> 　会社は、従業員の健康増進と衛生に関する理解の向上のために、積極的な施策を立案し、その実施に努めるものとする。

□安衛法第69条（健康教育等）
「事業者は、労働者に対する健康教育及び健康相談その他労働者の健康の保持増進を図るため必要な措置を継続的かつ計画的に講ずるように努めなければならない。」

第 19 条（個人健康情報の保護）

　　　　衛生及び健康管理の職務に従事する者は、健康診断等により知り得た事項を職務上の関係者以外に漏らしてはならない。
2　個人健康情報の利用は、法律に定めのあるもの（健康診断結果報告、死傷病報告等）のため、及び従業員の就業に関して適切な措置をとるために行い、他のことに利用してはならない。
3　産業医又は会社の指定医を除き、会社における衛生及び健康管理に関与する者と、その者が知ることを許される個人健康情報の範囲は、次表のとおりとする。
　　　　ただし、厚生労働省の発出した通達の範囲とする。

職　名	知ることを許される個人健康情報
衛生管理者	法律に定めのある事項に関するもの（健康診断結果報告等）
	産業医又は会社の指定医が提供を必要と認めたもの
衛生関係事務従業員	衛生管理者が提供を必要と認めたもの
代表取締役	産業医、会社の指定医又は衛生管理者が提供を必要と認めたもの
総務・人事担当役員又は上位管理職	代表取締役が提供を必要と認めたもの
直属上司	総務若しくは人事担当役員又は上位管理職が提供を必要と認めたもの

4　会社における個人健康情報の保管は、その情報を利用する者が厳重な注意を払って行い、第2項に定める目的を達成した後は、衛生管理者がこれを保管する。
5　個人健康情報の開示は、第2項及び第3項の規定によるものとし、第3項に記載する以外の者に開示する必要が生じた場合は、当該従業員本人の同意を得て行う。

＜法的根拠等＞

□安衛法第104条（心身の状態に関する情報の取扱い）
「労働者の心身の状態に関する情報を収集し、保管し、又は使用するに当たっては、労働者の健康の確保に必要な範囲内で労働者の心身の状態に関する情報を収集し、並びに当該収集の目的の範囲内でこれを保管し、及び使用しなければならない。ただし、本人の同意がある場合その他正当な事由がある場合は、この限りでない。」

□安衛法第105条（健康診断等に関する秘密の保持）
「健康診断、…面接指導、…規定による検査又は…規定による面接指導の実施の事務に従事した者は、その実施に関して知り得た労働者の秘密を漏らしてはならない。」

※『労働者の心身の状態に関する情報の適正な取扱いのために事業者が講ずべき措置に関する指針』
厚労省公示第2号（2022年3月31日）

◎衛生管理者（の役割）

＜法的根拠等＞

　　6　会社における個人健康情報の訂正、追加又は削除（廃棄を含む。）は、衛生管理者が産業医又は会社の指定医及び第3項に記載する者の意見を聴いて行う。
　　7　個人健康情報の取扱いに関する苦情処理は、衛生管理者が窓口となり、産業医又は会社の指定医及び第3項に記載する者の協力を得て行う。
　　8　個人健康情報の保護に関する事項のうち、全社的な対応が必要なものは、衛生委員会で審議する。
　　9　従業員の心身の状態の情報に関しては、別に定める「心身の状態の情報の取扱規程」による。

◎衛生委員会（の役割）
※「心身の状態の情報の
　取扱い規程」

第20条（改　廃）

　　本規程の改廃は、取締役会の決議により行う。

第21条（施　行）

　　本規程は、令和6年〇月〇日より施行する。

第22条（付属規程）

　　この規程を含めて安全衛生管理に関する規程等を次のとおり設ける。
　　(1)　安全衛生管理規程
　　(2)　衛生委員会規則
　　(3)　健康管理規程
　　(4)　心身の状態の情報の取扱規程

1 <u>脳・心臓疾患の発生について</u> 〈「脳・心臓疾患の労災認定基準」より〉

業務による明らかな過重負荷を受けたことにより発症した脳・心臓疾患は、業務上の疾患として取り扱われる。

(1) <u>異常な出来事</u>

発症直前から前日までの間に、発生状態を時間的及び場所的に明確にし得る異常な出来事に遭遇したこと

(2) <u>短期間の過重業務</u>

発症に近接した時期に、特に過重な業務に就労したこと

(3) <u>長期間の過重業務</u>

発症前に長期間にわたって、著しい疲労の蓄積をもたらす特に過重な業務に就労したこと

(1) <u>異常な出来事</u>

① <u>精神的負荷</u>…極度の緊張、興奮、恐怖、驚愕等の強度の精神的負荷を引き起こす突発的又は予測困難な異常な事態

例えば、業務に関連した重大な人身事故や重大事故に直接関与し、著しい精神的負荷を受けた場合などが考えらえる。

② <u>身体的負荷</u>…緊急に強度の身体的負荷を強いられる突発的又は予測困難な異常な事態

例えば、事故の発生に伴って、救助活動や事故処理に携わり、著しい身体的負荷を受けた場合などが考えられる。

③ <u>作業環境の変化</u>…急激で著しい作業環境の変化

例えば、屋外作業中、極めて暑熱な作業環境下で水分補給が著しく阻害される状態や特に温度差のある場所への頻回な出入りなどが考えられる。

(2) <u>短期間の過重業務</u>

日常業務(通常の所定労働時間内の所定業務内容をいう)に比較して特に過重な身体的、精神的負荷を生じさせたと客観的に認められる仕事をいう。

① 具体的な負荷要因として、次の業務がある。

ア．労働時間

イ．不規則な勤務

ウ．拘束時間の長い勤務
エ．出張の多い業務
オ．交替制勤務・深夜勤務
カ．作業環境（温度環境・騒音・時差）
キ．精神的緊張を伴う業務

(3) <u>長時間の過重業務</u>
　① <u>疲労の蓄積</u>
　　　恒常的な長時間労働等の負荷が長期間にわたって作用した場合には、「疲労の蓄積」が生じ、これが血管病変等をその自然経過を超えて著しく増悪させ、その結果、脳・心臓疾患を発症させることがある。
　　　このことから、発症との関連性において、業務の過重性を評価するに当たっては、発症前の一定期間の就労実態等を考察し、発症時における疲労の蓄積がどの程度であったかという観点から判断する。

　② <u>過重負荷の有無の判断</u>
　　　著しい疲労の蓄積をもたらす特に過重な業務に就労したと認められるか否かについては、業務量、業務内容、作業環境等具体的な負荷要因を考慮し、同僚等にとっても、特に過重な身体的、精神的負荷と認められるか否かという観点から、客観的かつ総合的に判断する。
　　　業務の過重性の具体的な評価に当たっては、疲労の蓄積の観点から次に掲げる業務の負荷要因について検討する。
ア．労働時間
イ．不規則な勤務
ウ．拘束時間の長い勤務
エ．出張の多い業務
オ．交替制勤務・深夜勤務
カ．作業環境（温度環境・騒音・時差）
キ．精神的緊張を伴う業務

2 精神障害の発生について 〈改正「精神障害の労災認定基準」（2023.9.1）より〉

業務による強い心理的負荷を受けたことにより発症した精神障害は、業務上の疾患として取り扱われる。

(1) 認定基準の対象となる精神障害を発病していること
（ICD-10 第Ⅴ章「精神および行動の障害」分類）
(2) 認定基準の対象となる精神障害の発病前おおむね6か月の間に、業務による強い心理的負荷が認められること
(3) 業務以外の心理的負荷や個体側要因により発病したとは認められないこと

2-1 業務による心理的負荷評価の項目＜出来事の類型と具体的出来事の例＞

(1) 事故や災害の体験
① （重度の）病気やケガをした
② 悲惨な事故や災害の体験、目撃をした

(2) 仕事の失敗、過重な責任の発生等
① 業務に関連し、重大な人身事故、重大事故を起こした
② 多額の損失を発生させるなどの仕事上のミスをした
③ 会社で起きた事故、事件について責任を問われた
④ 業務に関連し、違法行為を強要された
⑤ 達成困難なノルマが課された
⑥ ノルマが達成できなかった
⑦ 新規事業、大型プロジェクトなどの担当になった
⑧ 顧客や取引先から対応が困難な注文要求等を受けた

(3) 仕事の量・質
① 仕事の内容・仕事の量の（大きな）変化を生じさせる出来事があった
② 1か月80時間以上の時間外労働を行った
③ 2週間以上にわたって連続勤務を行った
④ 感染症等の病気、事故の危険性が高い業務に従事した（※1）
⑤ 勤務形態、作業速度、作業環境等の変化、不規則な勤務があった

(4) 役割・地位の変更等
   ① 退職を強要された
   ② 転勤・配置転換があった
   ③ 複数名で担当していた業務を1人で担当するようになった
   ④ 雇用形態、国籍、性別等を理由に不利益な処遇等を受けた
   ⑤ 自分の昇格・昇進等の立場・地位の変化があった
   ⑥ 雇用契約期間の満了が迫った

(5) 仕事の失敗、過重な責任の発生等
   ① 顧客や取引先から対応が困難な注文や要求等を受けた

(6) パワーハラスメント
   ① 上司等から身体的攻撃、精神的攻撃等のパワーハラスメントを受けた

(7) 対人関係
   ① 同僚等から、暴行又は（ひどい）いじめ・嫌がらせを受けた
   ② 上司とのトラブルがあった
   ③ 同僚とのトラブルがあった
   ④ 部下とのトラブルがあった
   ⑤ 顧客、取引先、施設利用者等から著しい迷惑行為を受けた
   ⑥ 上司が変わる等、職場の人間関係に変化があった（※2）

(8) セクシュアルハラスメント
   ① セクシュアルハラスメントを受けた

（※1）（※2）は2023年9月の改正により追加されたもの。

11 心身の状態の情報の取扱規程

□労働者の心身の状態に関する情報の適正な取扱い指針
（以下「指針」という）/ 2022年3月31日　厚生労働省公示第2号
労働者が雇用管理において自身にとって不利益な取扱いを受けるという不安を抱くことなく、安心して産業医等による健康相談等を受けられるようにするとともに、事業者が必要な心身の状態の情報を収集して、労働者の健康確保措置を十全に行えるようにするため
□雇用管理に関する個人情報のうち健康情報を取り扱うに当たっての留意事項（以下「留意事項」という）/
2023年10月改訂個人情報保護委員会
□事業場における労働者の健康情報等の取扱規程を策定するための手引き（以下「手引き」という）/ 2019年3月厚労省
□労働安全衛生法第104条（心身の状態に関する情報）

法令略称
・労働安全衛生法……安衛法

第1条（総　則）

> この規程は、会社が労働安全衛生法に基づき実施する健康診断等の健康を確保するための措置及び従業員の健康管理活動を通じて特に「従業員の心身の状態の情報」を適正に取り扱うことを定めたものである。

＜法的根拠等＞

□安衛法第104条（心身の状態に関する情報）

第2条（目　的）

> 会社は、「従業員の心身の状態の情報」を従業員の健康確保措置の実施及び会社が負う民事上の安全配慮義務の履行の目的のために、適正に収集し活用する。
> 2　会社が、「従業員の心身の状態の情報」を取扱う場合は、主として労働安全衛生法及び個人情報の保護に関する法律に基づいて行う。

□「事業者が心身の状態の情報を取り扱う目的は、労働者の健康確保措置の実施や事業者が負う民事上の安全配慮義務の履行であり、そのために必要な心身の状態の情報を適正に収集し、活用する必要がある。」（「指針」）

「個人情報取扱い規程」参照

第3条（心身の状態の情報の取得）

> 会社が、「従業員の心身の状態の情報」を取得する場合は、健康確保措置の実施にかかる労働安全衛生法及び個人情報の保護に関する法律に規定する「要配慮個人情報」に該当する機微な情報としてその取扱いに配慮する。
> 2　会社は、当該情報等の取扱いの目的の達成に必要な範囲を踏まえ、情報を取扱う者を制限し、情報を加工する等し、従業員の不利益にならないよう当該情報等を取扱う。
> 　（1）　労働安全衛生法に基づき、法令に定める義務の履行のため、会社が必ず取扱わなければならない「心身の状態の情報」は、次のとおりである。

□「労働安全衛生法令において労働者本人の同意を得なくても収集することのできる心身の状態の情報であっても、取り扱う目的及び取扱方法等について、労働者に周知した上で収集することが必要である。」（「指針」）

①　健康診断の受診・未受診の情報
　②　長時間労働の従業員による面接指導の申出の有無
　③　ストレスチェックの結果、高ストレスと判定された者による面接指導の申出の有無
　④　健康診断の事後措置について産業医又は会社が指定する医師等（以下「医師等」という。）から聴取した意見
　⑤　長時間労働の従業員に対する面接指導の事後措置について医師等から聴取した意見
　⑥　ストレスチェックの結果、高ストレスと判定された者に対する面接指導の事後措置について医師から聴取した意見
(2)　労働安全衛生法令に基づき、会社が従業員本人の同意を得ずに、収集することが可能である「心身の状態の情報」は、次のとおりである。
　①　健康診断の結果（法定の項目）
　②　健康診断の再検査の結果（法定の項目と同一のものに限る。）
　③　長時間労働の従業員に対する面接指導の結果
　④　ストレスチェックの結果、高ストレスと判定された者に対する面接指導の結果
(3)　労働安全衛生法令に基づき、あらかじめ従業員本人の同意を得ることが必要である情報は、次のとおりである。
　①　健康診断の結果（法定外項目）
　②　保健指導の結果
　③　健康診断の再検査の結果（法定の項目と同一のものを除く。）
　④　健康診断の精密検査の結果
　⑤　健康相談の結果
　⑥　がん検診の結果

＜法的根拠等＞

□「安衛法第66条の3（健康診断の結果の記録）、第66条の4（健康診断の結果についての医師等からの意見聴取）及び第66条の6（健康診断の結果の通知）の規定において、事業者は、健康診断の結果の記録、当該結果に係る医師等からの意見聴取、当該結果の労働者に対する通知が義務付けられている。」（「留意事項」）

□「心身の状態の情報」を事業者等が収集する際には、取り扱う目的及び取扱方法等について労働者の十分な理解を得ることが望ましく、取扱規程に定めた上で、例えば、健康診断の事業者等からの受診案内等にあらかじめ記載する等の方法により労働者に通知することが考えられる。」（「指針」）

□「個人情報の保護に関する法律第20条第2項に基づき、労働者本人の同意を得なければならない。」（「指針」）

⑦　職場復帰のための面接指導の結果
⑧　治療と仕事の両立支援等のための医師の意見書
⑨　通院状況等疾病管理のための情報

3　前項第3号の身体の状態の情報を取扱う場合は、個人情報の保護に関する法律に基づき適切な取扱いを確保する。ただし、「要配慮個人情報の取得」（個人情報保護法第17条第2項）に準じ、次の各号に該当する場合を除く。

(1)　法令に基づく場合
(2)　人の生命、身体又は財産の保護のために必要がある場合で、本人の同意を得ることが困難であるとき
(3)　公衆衛生の向上又は児童の健全な育成の推進のために特に必要がある場合で、本人の同意を得ることが困難であるとき
(4)　国の機関若しくは地方公共団体又はその委託を受けた者が法令の定める事務を遂行することに対して協力する必要がある場合で、本人の同意を得ることにより当該事務の遂行に支障を及ぼすおそれがあるとき

第4条（心身の状態の情報の第三者提供の方法）

会社は、「心身の状態の情報」を医師等以外の第三者へ提供する際には、「心身の状態の情報」の記録を、所見の有無又は検査結果を踏まえた就業上の措置にかかる医師等の意見に置き換える等、情報を加工して行う。

＜法的根拠等＞

□「あらかじめ労働者本人の同意を得ることが必要」としているが、個人情報保護法第20条第2項各号に該当する場合は、あらかじめ労働者本人の同意は不要である。また、労働者本人が自発的に事業者に提出した心身の状態の情報については、「あらかじめ労働者本人の同意」を得たものと解されるが、当該情報について事業者等が医療機関等に直接問い合わせる場合には、別途、労働者本人の同意を得る必要がある。」（「指針」）

□「労働安全衛生法令等の法令に基づく場合や、人の生命、身体又は財産の保護のために必要が有る場合であって、本人の同意を得る事が困難であるとき等を除き、あらかじめ労働者本人の同意を得ないで、個人データを第三者に提供することはできません」（「手引き」）

第5条（心身の状態の情報の保護）

衛生及び健康管理の職務に従事する従業員は、本人の同意を得て知り得た「心身の状態の情報」の事項を職務上の関係者以外に漏らしてはならない。

2　「心身の状態の情報」の利用は、従業員の就業に関して適切な措置をとるために行う。

3　医師等を除き、会社における衛生及び健康管理に関与する従業員と、その従業員が知ることを許される「心身の状態の情報」を含む個人健康情報の範囲は次表のとおりとする。ただし、厚生労働省の発出した通達の範囲とする。

職　名	知ることを許される心身の状態の情報
衛生管理者	法律に定めのある事項に関するもの（健康診断結果報告等）
衛生管理者	法律の定めはないが従業員自身と同意を得て収集した「心身の状態の情報」に関するもの
衛生管理者	産業医又は会社の指定医が提供を必要と認めたもの
衛生関係事務従業員	衛生管理者が提供を必要と認めたもの
産業保健業務従事者	産業医、医師、保健師並びに衛生管理者の他従業員の健康管理の業務の従事者が提供を必要と認めたもの
代表取締役	産業医、会社の指定医又は衛生管理者が提供を必要と認めたもの
総務・人事担当役員又は上位管理職	代表取締役が提供を必要と認めたもの
直属上司	総務若しくは人事担当役員又は上位管理職が提供を必要と認めたもの

4　会社における「心身の状態の情報」を含む個人健康情報の保管は、その情報を利用する従業員等が厳重な注意を払って行い、第2項に定める目的を達成した後は、衛生管理者がこれを保管する。

＜法的根拠等＞

□「(1)　事業者は、健康診断の結果のうち診断名、検査値等のいわゆる生データの取扱いについては、その利用に当たって医学的知識に基づく加工・判断等を要することがあることから、産業医や保健師等の産業保健業務従事者に行わせることが望ましい。

(2)　事業者は、産業保健業務従事者以外の者に健康情報を取り扱わせる時は、これらの者が取り扱う健康情報が利用目的の達成に必要な範囲内に限定されるよう、必要に応じて、産業保健業務従事者に健康情報を適切に加工させた上で提供する等の措置を講ずること。」
（「留意事項」）

・衛生管理者の役割

	＜法的根拠等＞

> 5 「心身の状態の情報」を含む個人健康情報の開示は、第2項及び第3項の規定によるものとし、また第3項に記載する以外の従業員等に開示する必要が生じた場合は、当該従業員本人の同意を得て行う。
>
> 6 会社における「心身の状態の情報」を含む個人健康情報の訂正、追加又は削除（廃棄を含む。）は、衛生管理者が医師等及び第3項に記載する従業員等の意見を聴いて行う。
>
> 7 「心身の状態の情報」を含む個人健康情報の取扱いに関する苦情処理は、衛生管理者が窓口となり、医師等及び第3項に記載する従業員等の協力を得て行う。
>
> 8 「心身の状態の情報」を含む個人健康情報の保護に関する事項のうち、全社的な対応が必要なものは、衛生委員会で審議する。

・衛生管理者の役割

・衛生管理者の役割

・衛生管理者の役割

第6条（心身の状態の情報の適正管理）

> 会社は、「心身の状態の情報」の適正な管理のため、以下の措置を講ずる。
> (1) 「心身の状態の情報」を必要な範囲において正確・最新に保つための措置
> (2) 「心身の状態の情報」の漏洩、滅失、改ざん等の防止のための措置
> (3) 「心身の状態の情報」の取扱いにかかる組織体制の整備及び正当な権限を有しない従業員等からのアクセス防止のための措置
> (4) 保管の必要がなくなった「心身の状態の情報」の適切な消去
> (5) 従業員が有する本人の「心身の状態の情報」の開示又は必要な訂正並びに使用停止等を請求された際には、そのほとんどの情報の機密性が高いことを勘案し、適切に対応する措置

□「心身の状態の情報の適正管理のために事業者が講ずべき措置として以下のものが挙げられる
① 正確・最新に保つための措置
② 漏洩、滅失、改ざん等の防止のための措置
③ 保管の必要がなくなった心身の状態の情報の適切な消去等」（「指針」）

<法的根拠等>

第7条（心身の状態の情報の取扱いに関する苦情処理）

> 会社は、「心身の状態の情報」の取扱いに関して、相談窓口を設け、従業員へ周知する。

第8条（不利益な取扱いの禁止）

> 会社は、「心身の状態の情報」に基づく就業上の措置の実施に当たり、原則として不利益な取扱いに該当する次のことを行わない。
> (1) 産業医又は会社の指定する医師等の意見を聴取する等の労働安全衛生法令上求められる適切な手順に従わないこと
> (2) 当該措置の内容・程度が聴取した医師等の意見と著しく異なる等、医師の意見を勘案し必要と認められる範囲内となっていない、又は従業員の実情が考慮されていない等、労働安全衛生法令上求められる要件を満たさない内容であること
> (3) 従業員が同意しないこと又は「心身の状態の情報」の内容を理由とする次の措置
>   ① 解雇する
>   ② 期間を定めて雇用される者について契約の更新をしない
>   ③ 退職勧奨を行う
>   ④ 不当な動機・目的をもってなされたと判断されるような配置転換、又は職位（役職）等の変更を命じる
>   ⑤ その他労働契約法等の労働関係法令に違反する措置を講じる

□「苦情を処理するための窓口については、健康情報に係る苦情に適切に対応するため、必要に応じて産業保健業務従事者と連携を図ることができる体制を整備しておくことが望ましい。」（「留意事項」）

□「心身の状態の情報の取扱いに労働者が同意しないことを理由として、又は、労働者の健康確保措置及び民事上の安全配慮義務の履行に必要な範囲を超えて、当該労働者に対して不利益な取扱いを行うことはあってはならない。」（「指針」）

【個人情報保護法】
～個人情報と要配慮個人情報の体系図～

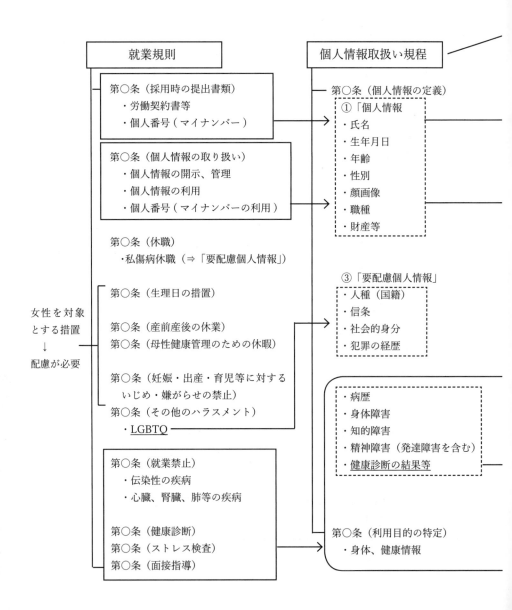

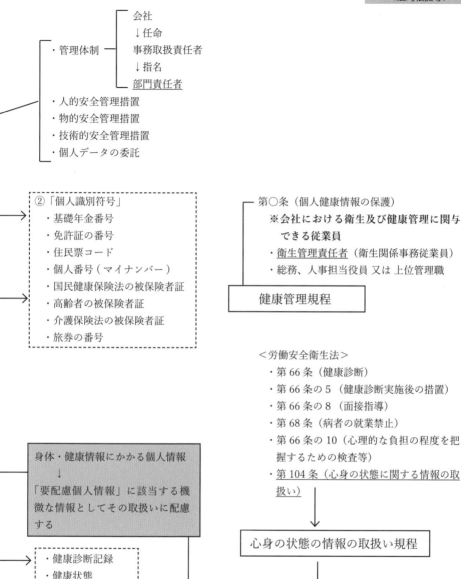

第9条（改　廃）

> 本規程の改廃は、取締役会の決議により行う。

第10条（施　行）

> 本規程は、令和6年〇月〇日より施行する。

第11条（付属規程）

> この規程を含めて安全衛生管理に関する規程等を次の通り設ける。
> (1)　安全衛生管理規程
> (2)　安全衛生委員会規則
> (3)　健康管理規程
> (4)　心身の状態の情報の取扱規程

<法的根拠等>

		健康診断等に関する個人情報の例
A	①	健康診断の受診・未受診の情報
	②	長時間労働の従業員による面接指導の申出の有無
	③	ストレスチェックの結果、高ストレスと判定された者による面接指導の申出の有無
	④	高ストレスと判定された者に対する面接指導の事後措置について医師から聴取した意見
	⑤	健康診断の事後措置について産業医又は会社が指定する医師等から聴取した意見
	⑥	長時間労働の従業員に対する面接指導の事後措置について医師等から聴取した意見
B	①	健康診断の結果(法定の項目)
	②	健康診断の再検査の結果(法定の項目と同一のものに限る。)
	③	長時間労働の従業員に対する面接指導の結果
	④	ストレスチェックの結果、高ストレスと判定された者に対する面接指導の結果
C	①	健康診断の結果(法定外項目)
	②	保健指導の結果
	③	健康診断の再検査の結果(法定の項目と同一のものを除く。)
	④	健康診断の精密検査の結果
	⑤	健康相談の結果
	⑥	がん検診の結果
	⑦	職場復帰のための面接指導の結果
	⑧	治療と仕事の両立支援等のための医師の意見書
	⑨	通院状況等疾病管理のための情報

12 服務規律
（従業員の守るべき規則）

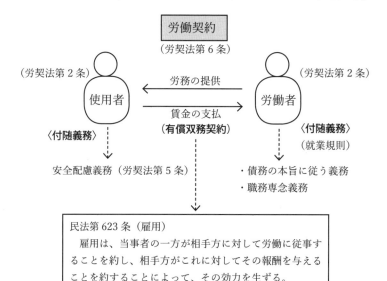

■民法第1条（基本原則）
　第2項　権利の行使及び義務の履行は、信義に従い誠実に行わなければならない。
■民法第415条（債務不履行による損害賠償）

【債務不履行に関する判例】
　「安全配慮義務（被用者の生命及び健康等を危険から保護するよう配慮すべき義務）は、ある法律関係に基づいて特別な社会的接触の関係に入った当事者間において、当該法律関係の付随義務として当事者の一方又は双方が相手方に対して信義則上負う義務として一般的に認められるべきものであり、…」（最判昭50.2.25 陸上自衛隊事件）
　「使用者は、労働者が労務提供のため設置する場所、設備若しくは器具等を使用し又は使用者の指示の下に労務を提供する過程において、労働者の生命及び身体等を危険から保護するよう配慮すべき義務を負っている。」（最判昭59.4.10 川義事件）

法令略称
・育児休業、介護休業等育児又は家族介護を行う労働者の福祉に関する法律…育児・介護休業法
・雇用の分野における男女の均等な機会及び待遇の確保等に関する法律…男女雇用機会均等法

第1条(服務の基本原則)

> 従業員は、職務上の責任を自覚し、業務上の指揮命令に従い、誠実に職務を遂行するとともに、相互に協力して職場の秩序を維持しなければならない。

第2条(職場環境維持に関する事項)

> 他の従業員との円滑な交流をなし、行動に品位を保つなどして、職場環境の向上に努めること。
> 2 常に職場を整理整頓し、快適な勤務ができるように努めること。
> 3 酒気を帯びて勤務しないこと。
> 4 会社施設内で、賭博その他これに類似する行為を行わないこと。
> 5 所定の場所以外で、喫煙し又はたき火、電熱器若しくはコンロ等の火気を許可なく使用しないこと。
> 6 セクシュアルハラスメント、いじめ・嫌がらせ又は職場のパワーハラスメント並びにこれらに相当する行為により、他の従業員に精神的な苦痛を与え、労働条件の不利益変更を示唆・行使し、又は職場の環境を悪くしないこと。
> 7 周囲の人に不快感を与えるような、においなどを発生・発散させないよう、自身を清潔に保ち、また香水・香料・フレグランス製品の過度な使用を控え、スメルハラスメントに相当する行為によって、他の従業員に精神的な苦痛を与えないこと、又は職場の環境を悪くしないこと。
> 8 妊娠、出産又は育児休業・介護休業等に関する言動により、妊娠、出産した女性従業員及び育児休業の申出・取得者等の職場の環境を害する行為をしないこと。

＜法的根拠等＞

□就業規則(労基法第89条第10号)
「前各号に掲げるもののほか、当該事業場の労働者のすべてに適用される定めをする場合においては、これに関する事項」

▷企業秩序と規則
＜判例＞富士重工業事件(最三小昭52.12.13)
「企業秩序は、企業の存立と事業の円滑な運営維持のために必要不可欠なものであり、企業は、この企業秩序を維持確保するため、これに必要な諸事項を規則をもって一般的に定め、あるいは具体的に指示、命令することができる…ことは当然のこと。」

※以下、第2条関係
□民法第1条「基本原則」の判例解釈として、労働契約に伴う労働者の付随義務があります。例えば「職場環境維持」がそのひとつです。

□労働契約に伴う労働者の付随義務「使用者の施設管理権に服する義務」
＜判例＞国鉄札幌駅事件(最三小昭和54.10.30)
「企業内では使用者の定める施設管理に関する規則に従うこと」

> 9　会社内外を問わず、人をののしり又は暴行を加えないこと。
> 10　他の従業員を教唆して就業規則に反するような行為、秩序を乱すような行為をしないこと。

第3条（職務専念義務に関する事項）

> 　　会社の事前の許可なく、他社に雇用されるなど、報酬を得て第三者のために何らかの行為をしないこと。ボランティアなどの公益的行為であっても、会社の就業に支障が生じるおそれがあると認められるときは、会社の事前の許可を得ること。
> 2　会社の事前の許可なく、勤務時間中に政治活動及び宗教活動ないしそれに準ずる行為、業務に関係のない放送、宣伝、集会、又は文書画の配布、回覧、掲示その他これに類する活動をしないこと。休憩時間及び勤務時間外であっても、勤務場所（会社の事業場以外に、取引先や出張先も含む。）において、このような活動をするときは、会社の許可を事前に得ること。
> 3　勤務時間中は許可なく職場を離れ、若しくは責務を怠る等の行為をしないこと。
> 4　やむを得ない事由のある場合の他、欠勤、遅刻又は早退をし、若しくは勤務時間中に私用外出又は私用面会をしないこと。

<法的根拠等>

□労働契約に伴う労働者の付随義務「職務専念義務」
＜判例＞国鉄青函局事件（札幌高裁昭48.5.29）
＜判例＞目黒電電局事件（最三小昭52.12.13）
「就業時間中は職務のみ従事し他の活動は行わないこと」

▷政治、宗教活動の禁止

第4条（信用維持に関する事項）

> 　　会社又は会社に属し、あるいは関係する者の名誉を傷つけ、信用を害し、体面を汚す行為をしないこと。
> 2　業務上の関係において、取引先から金品を受け取ること又は私事の理由で貸借関係を結ぶことなどの私的な利益を甘受しないこと。

□労働契約に伴う労働者の付随義務「信用維持」
□信義誠実の原則（労契法第3条第4項）
□労働契約の原則（労契法第3条）

	<法的根拠等>
3　通勤途上又は会社内において、痴漢行為、性差別又はセクシュアルハラスメントに該当するような言動をしないこと。	□強制わいせつ（刑法第176条） □迷惑防止条例
4　公共の場所等で他人に粗野又は乱暴な言動で迷惑をかけないこと。	□軽犯罪法第1条第5号
5　正当な理由なく他人の住居等に侵入し、又はストーカー行為に相当する言動をしないこと。	□ストーカー行為等の規制等に関する法律第3条
6　その他軽犯罪法に抵触する行為をしないこと。	
7　酒気を帯びて車輌等を運転しないこと。	
8　過労、病気及び薬物の影響その他の理由により、正常な運転ができないおそれがある状態で車輌等を運転しないこと。	□酒気帯び運転等の禁止（道交法第65条） □過労運転等の禁止（同法第66条）
9　酒に酔って公共の場所又は乗り物において、他人に迷惑をかけるような著しく粗野な言動をしないこと。	□酒酔迷惑防止法第4条 <判例>国鉄中国支社事件（最一小昭49.2.28）「企業は社会において活動するものであるから、その社会的評価の低下毀損は、企業の円滑な運営に支障をきたすおそれがあると客観的に認められるがごとき所為については、職場外でされた職務遂行に関係のないものであっても、なお広く企業秩序の維持確保のためにこれを規制の対象とすることが許される場合もありうるといわなければならない。」

第5条（職場におけるパワーハラスメント）

　　職場におけるパワーハラスメントとは、優越的な関係を背景とした言動で、業務上必要かつ相当な範囲を超えたものにより、就業環境を害することをいう。なお、客観的にみて、業務上必要かつ相当な範囲で行われる適正な業務指示及び指導については、パワーハラスメントには該当しない。

※以下、第5条関係
□労働施策総合推進法
第30条の2（雇用管理上の措置等）
第30条の3（国・事業主及び労働者の責務）

[告示] 事業主が職場における優越的な関係を背景とした言動に起因する問題に関して雇用管理上

第5条の2 (職場におけるパワーハラスメントの禁止行為)

　　社員は、他の社員を業務遂行上の対等なパートナーとして認め、職場での健全な秩序並びに協力関係を保持する義務を負うとともに、その言動に注意を払い、職場内で以下の行為をしてはならない。また、自社の社員以外の者に対しても、これに類する行為をしてはならない。
(1) 人格を否定するような言動をするなどの精神的な攻撃
(2) 自身の意に沿わない従業員に対して、仕事を外し、長期間にわたり、別室に隔離するなどの人間関係からの切り離し
(3) 長期間にわたり、肉体的苦痛を伴う過酷な環境下で、勤務に直接関係のない作業を命じるなどの過大な要求
(4) 管理職である部下を退職させるため、誰でも遂行可能な業務を行わせるなどの過小な要求
(5) 他の従業員の性的指向・性自認又は病歴などの本人にとって重要な個人情報について本人の了解を得ずに他の従業員に暴露するなどの個の侵害
(6) 殴打、足蹴りするなどの身体的攻撃
2　上司は、部下である従業員がパワーハラスメントを受けている事実を認めながら、これを黙認する行為をしてはならない。

＜法的根拠等＞
講ずべき措置等についての指針(令2.1.15厚労省告示第5号)

[通達]心理的負荷による精神障害の認定基準について(令5.9.1基発0901第2号)

▷会社の取るべき対策
(1) 雇用管理上の措置義務
　①窓口を設ける
　②研修の実施
(2) 社内の労務管理対策
　①コミュニケーションの円滑化
　②規則・規程の周知
(3) 服務規律の整備

第6条（職場におけるセクシュアルハラスメント）

　職場におけるセクシュアルハラスメントとは、社員の意に反する性的な言動又は相手の性的指向及び性自認に関する言動により労働条件及び就業環境を害することをいう。異性に対する言動だけでなく、同性に対する言動も該当する。
2　直接的に性的な言動の相手方となった被害者に限らず、性的な言動により就業環境を害されたすべての社員を含むものとする。

第6条の2（職場におけるセクシュアルハラスメントの禁止行為）

　社員は、他の社員を業務遂行上の対等なパートナーとして認め、職場での健全な秩序並びに協力関係を保持する義務を負うとともに、その言動に注意を払い、職場内で以下の行為をしてはならない。また、自社の社員以外の者に対しても、これに類する行為をしてはならない。
(1)　性的及び身体上の事柄に関する不必要な質問・発言
(2)　わいせつ図画の閲覧、配付、掲示
(3)　うわさの流布
(4)　不必要な身体への接触
(5)　性的な言動により、他の社員の就業意欲を低下させ、能力の発揮を阻害する行為
(6)　相手方及び他の社員に不快感を与える性的な言動
(7)　交際・性的関係の強要
(8)　性的な言動への抗議又は拒否等を行った社員に対して、解雇、不当な人事考課、配置転換等の不利益を与える行為

＜法的根拠等＞

▷セクシュアルハラスメント
□職場における性的な言動に起因する問題に関する雇用管理上の措置等（男女雇用機会均等法第11条）

［通達］事業主が職場における性的な言動に起因する問題に関して雇用管理上講ずべき措置についての指針（平18.10.11厚労省告示第615号）

［通達］セクシュアルハラスメントによる精神障害等の業務上外の認定について（平17.12. 1基労補発第1201001号）

＜判例＞福岡セクシュアルハラスメント事件（福岡地裁平4. 4.16）
男性上司が、女性従業員の異性関係が派手である等の噂を流したり、会社の役員に当該女性と取引先の担当者の男女関係のもつれが原因で取引解消になった等の報告をし、退職を迫り、結果退職を余儀なくされた。

> 2 上司は、部下である社員がセクシュアルハラスメントを受けている事実を認めながら、これを黙認する行為をしてはならない。

第7条（職場における妊娠・出産・育児休業等に関するハラスメント）

> 妊娠・出産・育児休業等に関するハラスメントとは、上司及び同僚が、社員の妊娠・出産及び育児等に関する制度又は措置の利用に関する言動により社員の就業環境を害すること、並びに妊娠・出産等に関する言動により女性社員の就業環境を害することをいう。
> 2 業務分担及び安全配慮等の観点から、客観的にみて業務上の必要性に基づく言動によるものについては、妊娠・出産・育児休業等に関するハラスメントには該当しない。

第7条の2（職場における妊娠・出産・育児休業等に関するハラスメントの禁止行為）

> 社員は、他の社員を業務遂行上の対等なパートナーとして認め、職場での健全な秩序並びに協力関係を保持する義務を負うとともに、その言動に注意を払い、職場内において以下の行為をしてはならない。また、自社の社員以外の者に対しても、これに類する行為をしてはならない。
> (1) 部下の妊娠・出産、育児・介護に関する制度及び措置の利用等に関し、解雇その他不利益な取扱いを示唆する言動
> (2) 部下又は同僚の妊娠・出産、育児・介護に関する制度及び措置の利用を阻害する言動

＜法的根拠等＞

□婚姻、妊娠、出産等を理由とする不利益取扱いの禁止等（男女雇用機会均等法第9条第3項）

□職場における育児休業等に関する言動に起因する問題に関する雇用管理上の措置等（育児・介護休業法第25条）

[告示]事業主が職場における妊娠、出産等に関する言動に起因する問題に関して雇用管理上講ずべき措置等についての指針（平18.10.11厚労省告示615号／令2.1.15改正告示第6号）

<法的根拠等>

> (3) 部下又は同僚が妊娠・出産、育児・介護に関する制度及び措置を利用したことによる嫌がらせ等
> (4) 部下が妊娠・出産等したことにより、解雇その他の不利益な取扱いを示唆する言動
> (5) 部下又は同僚が妊娠・出産等したことに対する嫌がらせ等
> 2　上司は、部下である社員が妊娠・出産・育児休業等に関するハラスメントを受けている事実を認めながら、これを黙認する行為をしてはならない。

第8条（懲　戒）

> 　社員が、次の各号のいずれかに該当する場合に、会社は、就業規則に定める懲戒処分（譴責、減給、出勤停止又は降格）を行う。
> (1) 第5条の2のパワーハラスメントの禁止行為に該当する行為をしたとき（ただし、第6号を除く）
> (2) 第6条の2のセクシュアルハラスメントの禁止行為に該当する行為をしたとき（ただし、第7号、第8号を除く）
> (3) 第7条の2の妊娠・出産・育児休業等に関するハラスメントの禁止行為に該当する行為をしたとき
> 2　社員が、次の各号のいずれかに該当する場合に、会社は、就業規則に定める懲戒処分（懲戒解雇、諭旨解雇）を行う。
> (1) 前項各号に該当する行為が再度に及んだとき
> (2) 前項各号に該当する行為の情状が悪質と認められるとき
> (3) 第5条の2のパワーハラスメントの禁止行為の第6号に定める殴打、足蹴りするなどの身体的攻撃をしたとき

□就業規則の懲戒規定
・譴責
・減給
・出勤停止
・降格

□就業規則の懲戒規定
・諭旨解雇
・懲戒解雇

> (4) 第6条の2のセクシュアルハラスメントの禁止行為の第7号に定める交際・性的関係の強要をしたとき
> (5) 第7条の2のセクシュアルハラスメントの禁止行為の第8号に定める解雇、不当な人事考課等の不利益を与える行為をしたとき

第9条（相談及び苦情への対応）

> 　　職場におけるハラスメントに関する相談窓口は、総務部とし、責任者は総務部長とする。総務部長は、所属長に対しハラスメント対応に必要な研修等を行う。
> 2　すべての社員は、職場におけるハラスメントに関する相談を、総務部長に申出ることができる。
> 3　所属長は、対応マニュアルに沿い、相談者からの事実確認の後、総務部長へ報告する。総務部長は、報告に基づき、相談者のプライバシーに配慮したうえで、必要に応じて行為者、被害者、上司その他の従業員等に事実関係を聴取する。
> 4　社員は、前項の聴取を求められたときは、正当な理由なくこれを拒むことはできない。
> 5　総務部長は、対応マニュアルに沿い、問題解決のための措置として、第○条に定める懲戒のほか行為者の異動等、被害者の労働条件及び就業環境を改善するために必要な措置を講じる。
> 6　会社は、相談者に対してプライバシーを保護するとともに不利益な取扱いは行わない。

<法的根拠等>

第10条（再発防止の義務）

> 総務部長及び所属長は、職場におけるハラスメント事案が生じたときは、事案発生の原因の分析等、適切な再発防止策を講じる。

第11条（教育・指導）

> 性別役割分担意識に基づく言動は、セクシュアルハラスメントの発生の原因又は背景になり得る。また、妊娠・出産・育児休業等に関する否定的な言動は、妊娠・出産・育児休業等に関するハラスメントの発生の原因又は背景となり得ることから、総務部長及び所属長は、社員に対して、このような言動をしないよう教育・指導を行う。

第12条（金銭貸借に関する事項）

> 従業員は、個々の金銭管理に責任を持つとともに、違法性のある貸金業者からの借金は、理由の如何を問わず行わないこと。
> 2　従業員の間の金銭貸借は、行わないこと。
> 3　会社は、第1項の金銭貸借については、一切その責任を負わない。

第13条（贈答・接待に関する事項）

□労働契約に伴う労働者の付随義務「背信行為禁止義務」

> 従業員は、取引の有無にかかわらず、以下の贈答・接待などの授受について、一般的な商慣習（常識の範疇）を逸脱しないこと。
> (1)　接待：飲食、ゴルフ、旅行など
> (2)　贈答：物品、中元、歳暮など

(3)　金銭の授受：冠婚葬祭、餞別、昇進祝いなど
2　贈答・接待などを行う場合は「職務権限規程」に従い、所定の承認を得ること。また、贈答・接待などを受ける場合においては、必ず事前あるいは事後、上長に報告すること。
3　いかなる場合にあっても、会社の取引業者や取引を求めている業者に対し、贈答・接待などを要求してはならないこと。
4　取引先との関係で、金品や接待に限らず、転職、退職後の就職、親族や友人の就職先の紹介、株式、不動産などの有利な価格での譲渡など、様々な便宜供与の申出については、上長又は担当部門長に相談し、適切な指示を受けること。

第14条（不正請求に関する事項）

　　従業員は、事実に反する経費の請求並びに理由を偽った経費の請求について、如何なる場合においてもこれを行わないこと。
2　経費を間違って受給した場合は、直ちに会社に返還すること。

□労働契約に伴う労働者の付随義務「背信行為禁止義務」

第15条（反社会的勢力への対応）

　　従業員は、暴力団、暴力団企業、総会屋又はこれらに準ずる団体（反社会的勢力）に属せず、職務を通じた交流及び交際をしないこと。
2　従業員は、反社会的な個人・団体からの特別取引・金銭などの要求について、一切これに応じてはならない。また、総会屋などの発刊する情報誌の購読・広告出稿を禁止する。

□暴力団員による不当な行為の防止等に関する法律（1992. 3. 1施行）

□暴力的要求行為の禁止（同法第9条）

<法的根拠等>

3　従業員自ら又は第三者を利用して、暴力を用いる不当な要求行為、脅迫的な言動、風説の流布、偽計又は威力を用いて、会社の信用を毀損し、又は業務を妨害する行為その他これに準ずる行為をしてはならない。
4　従業員が前項に違反したときは、会社は解雇又は懲戒処分を科すことがある。

第16条（情報管理に関する事項）

□労働契約に伴う労働者の付随義務「秘密保持義務」
<判例>古河鉱業足尾製作所事件（東京高裁昭55.2.18）
「…労働者は労働契約に基づく付随的義務として、信義則上、使用者の利益をことさらに害するような行為を避けるべき責務を負い、その一つとして使用者の業務上の秘密を洩らさないとの義務を負う。」

　　会社内外を問わず、在職中又は退職後においても、会社、取引先等の秘密、機密性のある情報、顧客データ等の個人情報、企画案、ノウハウ、データ、ＩＤ、パスワード及び会社の不利益となる事項を第三者に開示、漏洩、提供しないこと。また、コピー等をして社外に持ち出さないこと。ただし、会社が事前許可した場合に限り、適切な管理の下に会社が指定した方法により持ち出せるものとする。
2　会社内外を問わず、業務に使用するパソコンその他電子計算機類において、ファイル交換ソフト、その他情報管理上問題が発生する可能性があるソフトウェアをインストールしないこと。
3　会社が貸与する携帯電話、パソコン、その他情報関連機器（当該情報関連機器に蓄積されている情報も含む。）を、紛失又は破壊しないこと。また、当該情報関連機器を紛失又は破壊した場合、直ちに情報漏洩の防止の対策を行うとともに、会社に報告すること。
4　従業員は、会社から支給されている情報機器を社外で使用する場合は、紛失又は盗難にあわないよう細心の注意を払うこと。万一、紛失又は盗難にあった場合は、速やかに所轄警察署に届出を行い、上長及び情報システム担当に報告すること。

5 　会社の電子情報の取扱いについては、従業員の一人一人が責任を持って、これを管理すること。

6 　会社の業務の範囲に属する事項について、著作、講演などを行う場合は、あらかじめ会社の許可を受けること。

7 　外部（マスコミ、政府、取扱業者、顧客、株主など）からの問い合わせについて、既に公表された情報にかかわる問い合わせは、回答を許されていることが明確な場合を除き、回答せず、回答する立場にある担当者又は担当部署を紹介すること。

第17条（個人情報及び特定個人情報管理義務）

> 個人情報（特定個人情報を含む。）は別に定める個人情報管理規程に従い、業務上知り得た関係者等の個人情報（特定個人情報を含む。）を正当な理由なく開示し、利用目的を逸脱して取扱い、又は漏洩してはならない。在職中はもとより、退職後も同様とする。

第18条（守秘義務契約）

> 従業員は、在職中又は退職後においても会社の事業上の秘密、ノウハウ、技術情報等の営業秘密のほか、人事情報、管理情報、プライバシー及びスキャンダル情報等のいかなる情報であっても第三者に漏洩、開示、提供してはならない。この規定に関し会社は、従業員に対して入社時、役職、管理職役員就任等の異動時及び退職時等において、守秘義務契約（誓約書）を求めることがある。

＜法的根拠等＞

□個人情報保護法
会社が個人情報を取り扱うにあたってはその利用の目的をできる限り特定しなければならない。（第17条第1項）
会社は、あらかじめ本人の同意を得ないで、特定された利用目的の達成に必要な範囲を超えて、個人情報を取り扱ってはならない。（第18条第1項）
□個人情報の保護に関する法律についてのガイドライン（通則編）（平28年個人情報保護委員会告示第6号）
□雇用管理分野における個人情報のうち健康情報を取り扱うに当たっての留意事項（令5 .10.27基発1027第4号一部改正）

※個人情報保護規程

※以下、第18条関係
□労働契約に伴う労働者の付随義務「企業秘密の守秘義務」
（民法第1条「基本原則」）

▷守秘義務契約（誓約書）

> 2　前項の契約を結ばない場合、入社時においてはその採用を取消し、異動時においては昇進の取消し又は懲戒処分の対象とし、退職時においては退職金の全部又は一部を支給しないことがある。

第19条（競業避止義務）

> 従業員は、退職後少なくとも2年間、会社の事業と競合するとみなされる行為をしてはならない。

第20条（法令・社内諸規程（規定）の遵守）

> 従業員は、日々の業務遂行に際して、関係法令（社内諸規程等を含む。以下同じ。）を遵守することとし、関係法令などに不明瞭な点、疑問点がある場合は、総務部長又は担当部門長に相談することができる。

第21条（懲戒処分）

> 前各条項の違反について、その内容、程度を考慮して懲戒処分を科すことがある。

第22条（改　廃）

> 本規則の改廃は、役員会の決議により行う。

第23条（施　行）

> 本規則は、令和6年〇月〇日より施行する。

13　ハラスメント防止規程

- 労働施策の総合的な推進並びに労働者の雇用の安定及び職業生活の充実等に関する法律
  （「改正労働施策総合推進法」2020年6月施行）
- 事業主が職場における優越的な関係を背景とした言動に起因する問題に関して雇用管理上講ずべき措置等についての指針
  （「パワハラ指針」2020.1.15 厚生労働省告示第5号）
- 雇用の分野における男女の均等な機会及び待遇の確保等に関する法律
  （「男女雇用機会均等法」2006年改正）
- 育児休業、介護休業等育児又は家族介護を行う労働者の福祉に関する法律
  （「育児・介護休業法」2022年4月改正）
- 性的指向及びジェンダーアイデンティティの多様性に関する国民の理解の推進に関する法律
  （「LGBT理解増進法」2023年6月施行）
- 特定受託事業者に係る取引の適正化等に関する法律
  （「フリーランス新法」2024年11月施行）

第1章　総　則

第1条（目　的）

　　本規程は、パワーハラスメント、セクシュアルハラスメント及び妊娠・出産・育児休業等に関するハラスメント並びにその他のハラスメントを防止するために、従業員等の遵守すべき事項を定める。

第2条（適用範囲）

　　本規程で従業員等とは、役員、正社員のみならず、契約社員及び派遣社員並びにアルバイト等雇用するすべての従業員及び、その他業務委託関係者、フリーランス等会社において業務に従事するすべての者をいう。

第3条（職場の定義）

　　職場とは、勤務場所のみならず、従業員等が業務を遂行するすべての場所をいう。また、取引先の事務所又は打合せをするための飲食店等（接待等の宴席又は実質的に職場の延長とみなされる就業時間外の時間を含む。）も含まれる。

＜法的根拠等＞

※以下、第1条関係
【事業主が雇用管理上講ずべき措置】
事業主の方針の明確化及びその周知・啓発
① 職場におけるパワーハラスメント、セクシュアルハラスメント及び妊娠・出産・育児休業等に関するハラスメントの内容、職場におけるハラスメントを行ってはならない旨の方針を明確化し、管理監督者を含む労働者に周知・啓発すること
② ハラスメントの行為者については、厳正に対処する旨の方針・対処の内容を就業規則等の文書に規定し、管理監督者を含む労働者に周知・啓発すること

□「その他のハラスメント」
・カスタマーハラスメント（顧客等からの著しい迷惑行為）
・ジェンダーハラスメント（性別を理由とした嫌がらせ・差別）　等

※以下、第2条関係
□「従業員」とは
正規雇用労働者のみならず、パートタイム労働者、契約社員等、いわゆる非正規雇用労働者を含む、事業主が雇用するすべての労働者をいいます。

□「業務に従事するすべての者」とは
例）
・フリーランス、業務請負会社の社員等

第2章　パワーハラスメント

第4条（パワーハラスメントの定義）

> パワーハラスメントとは、優越的な関係を背景とした言動で、業務上の必要かつ相当な範囲を超えたものにより、就業環境を害することをいう。なお、客観的にみて、業務上必要かつ相当な範囲で行われる適正な業務指示及び指導については、パワーハラスメントには該当しない。

＜法的根拠等＞
・取引先等の従業員
・派遣労働者
・求職者　等

※以下、第3条関係
□「職場」とは
事業主が雇用する労働者が業務を遂行する場所を指します。また、労働者が通常就業している場所以外であっても、労働者が業務を遂行する場所であれば「職場」に含まれます。

※以下、第4条関係
□「パワーハラスメント」とは
職場での
① 優越的な関係を背景とした言動
② 業務上必要かつ相当な範囲を超えたもの
③ 労働者の就業環境が害されるもの
上記①から③までの3つの要素をすべて満たすものをいいます。

第5条（パワーハラスメントの禁止行為）

> 　従業員等は、他の従業員等を業務遂行上の対等なパートナーとして認め、職場での健全な秩序並びに協力関係を保持する義務を負うとともに、その言動に注意を払い、職場内で以下の行為をしてはならない。また、自社の従業員以外の者に対しても、これに類する行為をしてはならない。
> (1) 人格を否定するような言動をするなどの精神的な攻撃
> (2) 自身の意に沿わない従業員に対して、仕事を外し、長期間にわたり、別室に隔離するなどの人間関係からの切り離し
> (3) 長期間にわたり、肉体的苦痛を伴う過酷な環境下で、勤務に直接関係のない作業を命じるなどの過大な要求
> (4) 管理職である部下を退職させるため、誰でも遂行可能な業務を行わせるなどの過小な要求
> (5) 他の従業員等の性的指向・性自認又は病歴などの本人にとって重要な個人情報について本人の了解を得ずに他の従業員等に暴露するなどの個の侵害
> (6) 殴打、足蹴りするなどの身体的攻撃
> 2　上司は、部下である従業員がパワーハラスメントを受けている事実を認めながら、これを黙認する行為をしてはならない。

＜法的根拠等＞

※以下、第5条関係

□パワーハラスメントの禁止行為

＊労働施策総合推進法第30条の2
（雇用管理上の措置等）

□パワーハラスメントの代表的な類型
① 身体的な攻撃（暴行・傷害）
② 精神的な攻撃（脅迫・名誉棄損・侮辱・ひどい暴言）
③ 人間関係からの切り離し（隔離・仲間外し・無視）
④ 過大な要求（業務上明らかに不要なこと又は遂行不可能なことの強制・仕事の妨害）
⑤ 過小な要求（業務上の合理性なく能力・経験とかけ離れた程度の低い仕事を命じること又は仕事を与えないこと）
⑥ 個の侵害（私的なことに過度に立ち入ること）
（パワハラ指針）

第3章 セクシュアルハラスメント

第6条（セクシュアルハラスメントの定義）

> セクシュアルハラスメントとは、従業員等の意に反する性的な言動又は相手の性的指向及び性自認に関する言動により労働条件及び就業環境を害することをいう。異性に対する言動だけでなく、同性に対する言動も該当する。
> 2　直接的に性的な言動の相手方となった被害者に限らず、性的な言動により就業環境を害されたすべての従業員等を含むものとする。

第7条（セクシュアルハラスメントの禁止行為）

> 従業員等は、他の従業員等を業務遂行上の対等なパートナーとして認め、職場での健全な秩序並びに協力関係を保持する義務を負うとともに、その言動に注意を払い、職場内で以下の行為をしてはならない。また、自社の従業員以外の者に対しても、これに類する行為をしてはならない。
> (1)　性的及び身体上の事柄に関する不必要な質問・発言
> (2)　わいせつ図画の閲覧、配付、掲示
> (3)　うわさの流布
> (4)　不必要な身体への接触
> (5)　性的な言動により、他の従業員等の就業意欲を低下させ、能力の発揮を阻害する行為
> (6)　相手方及び他の従業員等に不快感を与える性的な言動
> (7)　交際・性的関係の強要

＜法的根拠等＞

※以下、第6条関係

□「セクシュアルハラスメント」とは
職場での
① 意に反する性的な言動に対する拒否又は抵抗等により、当該従業員が解雇、降格、減給、労働契約の更新拒否、昇進・昇格の対象からの除外、客観的に見て不利益な配置転換などの不利益を受けることです。
例）事務所内で事業主が従業員に対して性的な関係を要求したが、拒否されたため、当該従業員を解雇すること
② 意に反する性的な言動により、当該従業員の就業環境が不快なものとなったため能力の発揮に重大な悪影響が生じるなど、その従業員が就業するうえで看過できない程度の支障が生じることです。
例）事務所内で上司が部下の腰、胸などに度々触ったため、当該従業員が苦痛に感じて就業意欲が低下すること

□被害を受ける者の性的指向又は性自認にかかわらず、性的な言動であればセクシュアルハラスメントに該当します。

□「性的指向・性自認」⇒ LGBT
L: Lesbian（レズビアン＝女性同性愛者）
G: Gay（ゲイ＝男性同性愛者）
B: Bisexual(バイセクシャル＝両性愛者)

> (8) 性的な言動への抗議又は拒否等を行った従業員に対して、解雇、不当な人事考課、配置転換等の不利益を与える行為
> 2 上司は、部下である従業員がセクシュアルハラスメントを受けている事実を認めながら、これを黙認する行為をしてはならない。

第4章　妊娠・出産・育児休業等に関するハラスメント

第8条（妊娠・出産・育児休業等に関するハラスメントの定義）

> 　妊娠・出産・育児休業等に関するハラスメントとは、上司及び同僚が、従業員等の妊娠・出産及び育児等に関する制度又は措置の利用に関する言動により従業員等の就業環境を害すること、並びに妊娠・出産等に関する言動により女性従業員等の就業環境を害することをいう。
> 2 業務分担及び安全配慮等の観点から、客観的にみて業務上の必要性に基づく言動によるものについては、妊娠・出産・育児休業等に関するハラスメントには該当しない。

＜法的根拠等＞

T: Transgender（トランスジェンダー＝心と体の性が異なる人）

□性的指向・性自認に関する言動及び性的指向・性自認に関する望まぬ暴露は、職場でのパワーハラスメントの定義のうち、3つの要素を満たす場合には、これに該当します。

※以下、第7条関係
□セクシュアルハラスメントの禁止行為

＊男女雇用機会均等法第11条
（職場における性的な言動に起因する問題に関する雇用管理上の措置等）

＊事業主が職場における性的な言動に起因する問題に関して雇用管理上講ずべき措置等についての指針
（2006年厚生労働省告示第615号）
（最終改正：2020年厚生労働省告示第6号）

※以下、第8条関係
□ハラスメントの対象となる従業員
① 妊娠・出産した「女性従業員」
② 育児休業等を申出・取得した「男女従業員」

第9条(妊娠・出産・育児休業等に関するハラスメントの禁止行為)

> 従業員等は、他の従業員等を業務遂行上の対等なパートナーとして認め、職場での健全な秩序並びに協力関係を保持する義務を負うとともに、その言動に注意を払い、職場内において以下の行為をしてはならない。また、自社の従業員以外の者に対しても、これに類する行為をしてはならない。
>
> (1) 部下の妊娠・出産、育児・介護に関する制度及び措置の利用等に関し、解雇その他不利益な取扱いを示唆する言動
> (2) 部下又は同僚の妊娠・出産、育児・介護に関する制度及び措置の利用を阻害する言動
> (3) 部下又は同僚が妊娠・出産、育児・介護に関する制度及び措置を利用したことによる嫌がらせ等
> (4) 部下が妊娠・出産等したことにより、解雇その他の不利益な取扱いを示唆する言動
> (5) 部下又は同僚が妊娠・出産等したことに対する嫌がらせ等
>
> 2 上司は、部下である従業員が妊娠・出産・育児休業等に関するハラスメントを受けている事実を認めながら、これを黙認する行為をしてはならない。

<法的根拠等>

※以下、第9条関係
□妊娠・出産・育児休業等に関するハラスメントの禁止行為

＊男女雇用機会均等法第11条の3
(職場における妊娠、出産等に関する言動に起因する問題に関する雇用管理上の措置等)

＊育児・介護休業法第25条
(職場における育児休業等に関する言動に起因する問題に関する雇用管理上の措置等)

＊男女雇用機会均等法第9条第3項
「事業主は、その雇用する女性労働者が妊娠したこと、出産したこと、その他の妊娠又は出産に関する事由であって厚生労働省令で定めるものを理由として、当該女性労働者に対して解雇その他不利益な取扱いをしてはならない。」

＊育児・介護休業法第10条
「事業主は、労働者が育児休業の申出をし、又は育児休業をしたことを理由として、当該労働者に対して解雇その他不利益な取扱いをしてはならない。」

＊事業主が職場における妊娠、出産等に関する言動に起因する問題に関して雇用管理上講ずべき措置等についての指針
(2016年厚生労働省告示

第5章 懲戒等

第10条（懲　戒）

　従業員が、次の各号のいずれかに該当する場合に、会社は、就業規則に定める懲戒処分（譴責、減給、出勤停止又は降格）を行う。
(1) 本規程第5条のパワーハラスメントの禁止行為に該当する行為をしたとき（ただし、第6号を除く）
(2) 本規程第7条のセクシュアルハラスメントの禁止行為に該当する行為をしたとき（ただし、第7号、第8号を除く）
(3) 本規程第9条の妊娠・出産・育児休業等に関するハラスメントの禁止行為に該当する行為をしたとき
2　従業員が、次の各号のいずれかに該当する場合に、会社は、就業規則に定める懲戒処分（諭旨解雇、懲戒解雇）を行う。
(1) 前項各号に該当する行為が再度に及んだとき
(2) 前項各号に該当する行為の情状が悪質と認められるとき
(3) 本規程第5条のパワーハラスメントの禁止行為の第6号に定める殴打、足蹴りするなどの身体的攻撃をしたとき
(4) 本規程第7条のセクシュアルハラスメントの禁止行為の第7号に定める交際・性的関係の強要をしたとき
(5) 本規程第7条のセクシュアルハラスメントの禁止行為の第8号に定める解雇、不当な人事考課等の不利益を与える行為をしたとき

＜法的根拠等＞
第312号）
（最終改正：2020年厚生労働省告示第6号）

＊子の養育又は家族の介護を行い、又は行うこととなる労働者の職業生活と家庭生活との両立が図られるようにするために事業主が講ずべき措置等に関する指針
（2009年厚生労働省告示第509号）
（最終改正：2021年厚生労働省告示第366号）

□業務上の必要性の判断
部下が休業するとなると、上司としては業務の調整を行う必要があります。「業務が回らないから」といった理由で休業を妨げる場合はハラスメントに該当します。ある程度調整が可能な休業等（例えば、定期的な妊婦健診の日時）について、その時期を調整することが可能か従業員の意向を確認するといった行為までがハラスメントとして禁止されるものではありません。

※以下、第10条関係
□懲戒処分
就業規則参照

第11条（法的措置）

> 　会社との雇用関係にない者が第5条、第7条、第9条の各ハラスメント行為をしたときは、会社は契約条項（労働者派遣契約、業務委託契約等）に則り厳正に対処するとともに法的措置を講じる場合がある。

第6章　相談窓口等

第12条（相談及び苦情への対応）

> 　職場におけるハラスメントに関する相談窓口は、総務部とし、責任者は総務部長とする。総務部長は、所属長に対しハラスメント対応に必要な研修等を行う。
> 2　すべての従業員は、職場におけるハラスメントに関する相談を、総務部長に申し出ることができる。
> 3　所属長は、対応マニュアルに沿い、相談者からの事実確認の後、総務部長へ報告する。総務部長は、報告に基づき、相談者のプライバシーに配慮したうえで、必要に応じて行為者、被害者、上司その他の従業員等に事実関係を聴取する。
> 4　従業員は、前項の聴取を求められたときは、正当な理由なくこれを拒むことはできない。
> 5　総務部長は、対応マニュアルに沿い、問題解決のための措置として、本規程第10条に定める懲戒のほか行為者の異動等、被害者の労働条件及び就業環境を改善するために必要な措置を講じる。
> 6　会社は、相談者に対してプライバシーを保護するとともに不利益な取扱いは行わない。

＜法的根拠等＞

※以下、**第12条関係**
＊労働施策総合推進法第30条の2
（雇用管理上の措置等）

☐相談（苦情を含む）に応じ、適切に対応するために必要な体制の整備
① 相談窓口をあらかじめ定め、従業員に周知すること
② 相談窓口担当者が、内容及び状況に応じ適切に対応できるようにすること
③ パワーハラスメントの発生のおそれがある場合又はハラスメントに該当するか否か微妙な場合であっても、広く相談に対応すること

☐ハラスメント対応マニュアルの作成

第13条（再発防止の義務）

> 総務部長及び所属長は、職場におけるハラスメント事案が生じたときは、事案発生の原因の分析等、適切な再発防止策を講じる。

※以下、第13条関係
□再発防止措置の実施
改めてハラスメントに関する方針を周知・啓発する等の再発防止に向けた措置を講ずること。なお、ハラスメントが生じた事実が確認できなかった場合においても、同様の措置を講ずること。

第14条（教育・指導）

> 性別役割分担意識に基づく言動は、セクシュアルハラスメントの発生の原因又は背景になり得る。また、妊娠・出産・育児休業等に関する否定的な言動は、妊娠・出産・育児休業等に関するハラスメントの発生の原因又は背景となり得ることから、総務部長及び所属長は、従業員に対して、このような言動をしないよう教育・指導を行う。

※以下、第14条関係
＊性的指向及びジェンダーアイデンティティの多様性に関する国民の理解の増進に関する法律（2023年6月23日公布・施行）（LGBT理解増進法）

＊男女雇用機会均等法
セクシュアルハラスメントの発生の原因又は背景には、性別役割分担意識に基づく言動もあると考えられます。雇用管理上必要な措置を講じることを事業主に義務付けています。

第15条（改　廃）

> 本規程の改廃は、取締役会の決議により行う。

第16条（施　行）

> 本規程は、令和6年〇月〇日より施行する。

14 カスタマーハラスメント対応規程

- カスタマーハラスメント対策リーフレット（以下「リーフレット」という）／厚生労働省 2023 年
- カスタマーハラスメント対策企業マニュアル／厚生労働省 2022 年
- 事業主が職場における優越的な関係を背景とした言動に起因する問題に関して雇用管理上講ずべき措置等についての指針／厚生労働省告示第 5 号　2020 年 6 月 1 日適用

第1条（目　的）

本規程は、株式会社○○○○（以下「会社」という。）の職場におけるカスタマーハラスメントに対する会社及び従業員の対応についての事項を定める。

第2条（カスタマーハラスメントの定義）

カスタマーハラスメントとは、顧客、取引先、又は施設利用者（以下「顧客等」という。）からの不当又は悪質なクレーム等の著しい迷惑行為により、従業員の就業環境が害されることをいう。

第3条（対象となる行為）

カスタマーハラスメントについて以下のような行為をいう。なお、以下の項目は例示であり、これらに限らない。
(1) 従業員に対する、暴行又は傷害などの身体的な攻撃
(2) 従業員に対する、脅迫、中傷、名誉棄損、侮辱、暴言などの精神的な攻撃（氏名公開など従業員の個人情報をSNS上へ投稿する行為を含む）
(3) 従業員に対する、差別的又は性的な言動
(4) 顧客等の威圧的な言動
(5) 顧客等からの度重なる電話、複数回のクレームなどの執拗な言動
(6) 顧客等による長時間の居座り又は不退去
(7) 顧客等による土下座の要求など合理的理由のない謝罪

＜法的根拠等＞

※以下、第1条関係
□顧客が理不尽な要求をする「カスタマーハラスメント」を巡り、厚生労働省は従業員を保護する対策を企業に義務付ける検討に入った。労働施策総合推進法改正案を2025年の通常国会に提出する予定。

※以下、第2条関係
□「顧客等からのクレーム・言動のうち、当該クレーム・言動の要求の内容の妥当性に照らして、当該要求を実現するための手段・態様が社会通念上不相当なものであって、当該手段・態様により、労働者の就業環境が害されるもの」
□「顧客等の要求に内容が妥当性を欠く場合」の例
・企業の提供する商品・サービスの瑕疵・過失が認められない場合
・要求の内容が、企業の提供する商品・サービスの内容とは関係がない場合
（リーフレット）

※以下、第3条関係
□「要求を実現するための手段・態様が社会通念上不相当」な言動の例

要求内容の妥当性にかかわらず、不相当とされる可能性が高いもの
・身体的な攻撃（暴行、傷害）
・精神的な攻撃（脅迫、中傷、名誉棄損、侮辱、暴言）
・威圧的な言動
・土下座の要求
・継続的（繰り返し）、執拗な（しつこい）言動
・拘束的な行動（不退去、居座り、監禁）

| (8) 顧客等からの社会通念上相当な程度を超えた、サービス又は金銭の要求
| (9) 従業員に対する解雇等の社内処罰の要求

第4条（顧客対応）

　カスタマーハラスメントを受けた従業員は、一人で対応せず、上司又は管理監督者（以下「相談対応者」という。）と共に対応する。なお、カスタマーハラスメントが実際に発生した場合だけでなく、発生のおそれがある場合又はカスタマーハラスメントに該当するか判断がつかない場合も含む。
2　前項で解決しない場合は、状況を把握したうえで会社が顧客等と対応する。

第5条（対応方法）

　会社窓口担当部門は対応マニュアルに沿い、カスタマーハラスメントを受けた従業員（以下「相談者」という。）からの状況把握又は事実確認をしたうえで、顧客等へ対応を行う。
2　会社は、状況に応じて警察、弁護士等の外部機関へ相談、連絡、通報等する等、適切な対応を図る。

第6条（社内相談窓口）

　相談者は、カスタマーハラスメントに関する相談（メンタルヘルスを含む）を、相談窓口を通して産業医、又は専門家へ相談することができる。
2　会社は、産業医の意見を聞いたうえで、相談者に対して、配置転換等、具体的な配慮を講ずる。

＜法的根拠等＞
・差別的な言動
・性的な言動
・従業員個人への攻撃・要求

要求内容の妥当性に照らして不相当とされる場合があるもの
・商品交換の要求
・金銭補償の要求
・謝罪の要求（土下座を除く）

□カスタマーハラスメントの判断基準
①顧客等の要求内容に妥当性はあるか
②要求を実現するための手段・態様が社会通念に照らして相当な範囲か
（リーフレット）

※以下、第4条関係
□カスタマーハラスメントを想定した事前の準備
〈対応方法、手順の策定〉
・カスタマーハラスメント行為への対応体制、方法等をあらかじめ決めておく
（リーフレット）

※以下、第5条関係
□事実関係の正確な確認と事案への対応
・顧客、従業員等からの情報を基に、その行為が事実であるかを確かな証拠・証言に基づいて確認する。
・過失がある場合は謝罪し、交換・返金に応じる。ない場合は要求等に応じない。
（リーフレット）

※以下、第6条関係
□カスタマーハラスメントを想定した事前の準備
〈従業員（被害者）のための相談対応体制の整備〉
・相談対応者を決めておく、または相談窓口を設置し、従業員に広く周知する。

	<法的根拠等>
	・相談対応者が相談の内容や状況に応じて適切に対応できるようにする。 （リーフレット）

> 3　会社は、相談者のプライバシーを保護するために必要な措置を講じる。

第7条（研修・教育）

※以下、**第7条関係**
□カスタマーハラスメントを想定した事前の準備
・具体的な社内対応ルールについて、従業員研修等を実施する。
（リーフレット）

> 従業員に対して、顧客等からの悪質なクレーム又は迷惑行為への基本的な対応方法、悪質なクレームへの社内における具体的な対応についての定期的な研修を実施し、教育を行う。

第8条（会社の配慮措置）

※以下、**第8条関係**
□従業員（被害者）への配慮措置
・被害を受けた従業員に対する配慮の措置（組織的な対応やメンタル不調への対応等）を適正に行う。
（リーフレット）

> カスタマーハラスメントを受けた従業員に対して、会社は、安全確保の措置を講ずる。また、メンタルヘルス不調がある場合には、医療機関等への受診を促す。

第9条（再発防止）

※以下、**第9条関係**
□再発防止のための取組
・定期的な取組の見直しや改善を行い、継続的に取組を行う。
（リーフレット）

> 会社は、カスタマーハラスメント事案が生じたときは、事案発生の原因の分析、定期的な取組の見直し及び改善等、継続的に取組を行う。

第10条（改　廃）

> 本規程の改廃は、役員会の決議により行う。

第11条（施　行）

> 本規程は、令和6年○月○日より施行する。

15 テレワーク勤務規程

- テレワークではじめる働き方改革〜テレワークの運用・導入ガイドブック〜／厚生労働省
- テレワークの適切な導入及び実施の推進のためのガイドライン（「導入ガイドライン」）／厚生労働省
- テレワークにおける適切な労務管理のためのガイドライン（「労務管理ガイドラン」）／厚生労働省

- テレワークセキュリティガイドライン第5版／総務省

第1章　総　則

第1条（テレワーク勤務の目的）

> この規程は、株式会社○○○○（以下「会社」という）の社員就業規則第○○条（テレワーク勤務）に基づき、従業員がテレワーク勤務を実施する際に必要な事項について定める。
> テレワーク勤務により、従業員の私生活の向上及び生産性の高い働き方を可能とすることを目的とする。

<法的根拠等>

□目的
テレワーク導入にあたって、導入の目的を明確にすることが重要です。「テレワークを導入することでどのような効果を得たいか」という視点に立って、導入目的を定める方法も有効と考えられます。その際、必ずしも1つに絞り込む必要はありません。
（テレワークではじめる働き方改革）

第2条（テレワーク勤務の定義）

> この規程でテレワーク勤務とは、次のとおりとする。また、各勤務について限定して定める場合は、下記勤務の名称で示すものとする。
> (1)　在宅勤務
> 　　従業員の自宅、その他自宅に準じる場所（会社指定の場所に限る）で情報通信機器を利用した業務をいう
> (2)　モバイル勤務
> 　　社外（移動中、取引先、関連会社、その他会社が認めた場所）で情報通信機器を用いて行う業務をいう
> (3)　サテライトオフィス勤務
> 　　会社所有の所属事業場以外の会社専用施設（以下「専用型オフィス」という）、又は会社が契約（指定）している他会社所有の共用施設（以下「共用型オフィス」という）で情報通信機器を用いて行う業務をいう

□定義
テレワーク形態は、在宅勤務、モバイル勤務、サテライトオフィス勤務の3つに分けられています。
（導入ガイドライン／テレワークではじめる働き方改革）

第2章　勤務等

第3条（テレワーク勤務の対象者）

> テレワーク勤務は、制作、技術、営業、事務等に従事するすべての社員、契約社員とする。ただし、会社が対象外と認めた場合には、適用除外とすることがある。
> 2　前項によるテレワーク勤務対象者については、次の各号の条件をすべて満たした場合とする。
> (1)　テレワーク勤務を希望したとき、又は業務の都合により会社が命じたとき
> (2)　原則、勤続3年以上の場合で、社外での業務が円滑に遂行できると所属長が認めたとき
> (3)　在宅勤務は自宅の執務環境、セキュリティ環境、家族の理解のいずれも適正と認められる場合

第4条（テレワーク勤務日）

> 在宅勤務の利用は、原則として週2回を限度とする。この場合、半日勤務でも1回とする。
> 2　育児・介護等の事由により、会社が一定期間継続して在宅勤務を認めた場合は、前条の規定は適用しない。

第5条（テレワーク勤務利用の手続き）

> 在宅勤務、モバイル勤務、サテライトオフィス勤務の利用手続については、所属長が承認する。

〈法的根拠等〉

□対象者
テレワークの利用を希望するすべての従業員が、業務の種類にかかわらずテレワークを実施できることが理想です。対象者の選定にあたっては、関係者の理解を得られるよう、明確な基準を設けることが重要です。
（テレワークではじめる働き方改革）

□勤務日

□利用手続
・所属長の承認

	<法的根拠等>
2　育児・介護休業法に基づく休業、休暇、所定労働時間の短縮とは別に育児・介護等の事由により一定期間継続して在宅勤務を利用することを希望する場合は、原則として1か月前までに会社に申し出て、承認を得なければならない。 3　会社は、本則第6条の服務規律違反及び業務上、その他の事由により、テレワーク勤務の許可を取り消すことがある。	・育児・介護休業法に基づく事由 ・育児・介護休業法以外の事由

第6条（テレワーク勤務時の服務規律）

	□服務規律
テレワーク勤務に従事する者（以下「テレワーク勤務者」という）は社員就業規則第○○条、契約社員就業規則第○○条（服務規律）及び別途セキュリティガイドラインに定めるもののほか、次に定める事項を遵守しなければならない。 (1)　テレワーク勤務の際に所定の手続きに従って持ち出した会社の情報及び作成した成果物を第三者が閲覧、コピー等しないよう最大の注意を払うこと (2)　テレワーク勤務中は業務に専念すること (3)　第1号に定める情報及び成果物は紛失、毀損しないように丁寧に取扱い、セキュリティガイドラインに準じた確実な方法で保管・管理しなければならないこと (4)　テレワーク勤務中は会社が承認した場所以外で業務を行ってはならないこと (5)　テレワーク勤務の実施にあたっては、会社情報の取扱いに関し、セキュリティガイドライン及び個人情報取扱い規程、情報管理規則等の関連規程を遵守すること	・社員就業規則第○○条 ・契約社員就業規則第○○条 ・セキュリティガイドライン ・個人情報取扱い規程 ・情報管理規則

第3章　在宅勤務時の労働時間等

第7条（テレワーク勤務時の労働時間）

> テレワーク勤務時の労働時間については原則、社員就業規則第○○条、契約社員就業規則第○○条（勤務時間及び休憩時間）の定めによる。
> 2　前項にかかわらず、会社の承認を受けて始業時刻、終業時刻及び休憩時間の変更をすることができる。
> 3　前項の規定により所定労働時間が短くなる場合の賃金については、社員賃金規則第○○条（所定労働時間の短縮等の措置における賃金の取扱い）に規定する勤務短縮措置等の賃金の取扱いに準じる。

第8条（テレワーク勤務時の事業場外みなし労働制）

> テレワーク勤務者が、情報通信機器の接続を任されており自らの判断で業務を遂行できる状態の場合は、社員就業規則第○○条、契約社員就業規則第○○条（事業場外の労働）に規定する事業場外のみなし労働制を適用し、8時間（法定労働時間）労働をしたものとみなす。
> 2　前項に該当する場合は、会社の勤怠管理システムを通して健康管理上必要な勤務の開始、終了を打刻するとともに事業場外みなし労働の登録申請を行い、備考欄へ「テレワーク」並びに「勤務場所」を記さなければならない。

＜法的根拠等＞

□労働時間内
「労働時間の適正な把握のために使用者が講ずべき措置に関するガイドライン」（2017年1月20日策定）に基づき、適切な労働時間を記録する原則的な方法として、パソコンの使用時間の記録等の客観的な記録によること等が挙げられています。また、やむを得ず自己申告制によって労働時間の把握を行う場合においても、同ガイドラインを踏まえた措置を講ずる必要があります。
（労務管理ガイドライン）

□事業場外みなし労働制
テレワークにおいて、使用者の具体的な指揮監督が及ばず、労働時間を算定することが困難であるというためには、以下の要件をいずれも満たす必要があります。
①使用者が労働者に対して情報通信機器を用いて随時具体的指示を行うことが可能である
②使用者からの具体的な指示に備えて待機しつつ実作業を行っている状態又は手待ち状態で待機している状態
（労務管理ガイドライン）

第9条（休憩時間）

> テレワーク勤務者の休憩時間については、社員就業規則第○○条、契約社員就業規則第○○条（勤務時間及び休憩時間）の定めによる。

<法的根拠等>

□休憩時間
テレワークを行う労働者について、労使協定により、一斉付与の原則を適用除外とすることが可能（労務管理ガイドライン）

第10条（労働時間中の中抜け）

> 勤務時間内に私的事由により労働を中断する場合は、あらかじめ所属長の許可を得て中抜けすることができる。ただし、やむを得ない事情で事前に申し出ることができなかった場合は、事後速やかに届け出なければならない。
> 2　中抜けした時間に対する賃金は支払わない。
> 3　前項にかかわらず、所属長の許可を得た場合、中抜けした時間を所定の終業時刻の後に移動して労働することができる。
> 4　勤怠管理システムにおいて、勤務中の中抜け開始時には終了の登録を、中抜けから帰着時には開始の登録をし、備考欄へその旨を記入する。
> 5　本規則第8条（事業場外みなし労働制）が適用される場合でも前項すべての申出若しくは届出、勤怠管理システムへの入力は必要とする。

□中抜け
業務の指示をしないこととし、労働者が労働から離れ、自由に利用することが保障されている場合、終業時刻の繰り下げなどの所定労働時間の変更は可能です。ただし、あらかじめ就業規則に規定しておくことが必要です。また、企業が所定労働時間を一方的に変更することはできません。
（労務管理ガイドライン）

第11条（始業・終業時刻のスライド）

> 私的事由により始業・終業時刻をスライドする場合は、あらかじめ所属長の許可を得て行うことができる。

第12条（移動時間）

在宅勤務又はサテライトオフィス勤務中に、自宅・サテライトオフィスと会社又は取引先等との間を移動した場合の移動時間は、休憩時間とする。ただし、業務上の事由により在宅勤務又はサテライトオフィス勤務中に移動を命じられた場合は、当該移動に要する時間については、労働時間として扱う。

<法的根拠等>

□移動時間
テレワークの性質上、通勤時間や出張旅行中の移動時間に情報通信機器を用いて業務を行うことが可能です。これらの時間について、明示又は黙示の指揮命令下で行われるものについては労働時間に該当します。
（労務管理ガイドライン）

第13条（所定休日）

テレワーク勤務者の休日については、社員就業規則第〇〇条（休日）、〇〇条（変形休日制）、契約社員就業規則第〇〇条（休日）、〇〇条（変形休日制）の定めによる。

□所定休日

第14条（時間外及び休日労働等）

テレワーク勤務者は、原則として時間外、休日、深夜の労働を行ってはならない。
2　前項にかかわらず、やむを得ず時間外労働、休日労働及び深夜労働をする場合は、所定の手続きを経て所属長の許可を得なければならない。その場合、その経緯に至る事由を勤怠管理システムの備考欄へ明記するものとする。
3　時間外及び休日労働について必要な事項は、社員就業規則第〇〇条、契約社員就業規則第〇〇条（時間外及び休日の勤務）の定めによる。
4　時間外、休日及び深夜の労働については、社員賃金規則に基づき時間外勤務手当、休日勤務手当及び深夜勤務手当を支給する。

□時間外、休日労働等
時間外労働等について労働者からの事前申告がなかったり、申告に対して許可を与えなかった場合でも、業務量が過大であったり、明示、黙示の指揮命令があったと解しうる場合には、労働時間に該当します。
（労務管理ガイドライン）

第4章　テレワーク勤務時の勤務等

＜法的根拠等＞

第15条（業務の開始及び終了の報告）

> テレワーク勤務者は、勤務の開始及び終了について、会社が管理する勤怠管理システムにより報告しなければならない。

□業務時間の報告
労働者の労働日ごとの始業・終業時刻を確認し、適正に記録すること。
（労務管理ガイドライン）

第16条（業務報告）

> テレワーク勤務者は、定期的又は必要に応じて、電話又は電子メール等で所属長に対し、所要の業務報告をしなくてはならない。
> 2　テレワーク勤務者は、適宜行われるWeb会議に参加し、情報共有及びコミュニケーションを図らなければならない。

□業務報告
テレワークを行う労働者が業務を円滑かつ効率的に遂行するためには、業務内容や業務遂行方法等を明確にして行わせることが望ましい。
（労務管理ガイドライン）

第17条（テレワーク勤務時の連絡体制）

> テレワーク勤務者は、テレワーク勤務時における連絡体制を次のとおりとし、各項目について遵守しなければならない。
> (1)　事故・トラブル発生時には、所属長若しくはあらかじめ指定された部門担当者へ連絡すること
> (2)　社内における従業員への緊急連絡事項が生じた場合、テレワーク勤務者へは所属長若しくはあらかじめ指定された部門担当者が連絡をすること
> (3)　テレワーク勤務者は、不測の事態が生じた場合に確実に連絡がとれる方法（緊急連絡手段のコミュニケーションツール及び電話番号）をあらかじめ所属部門で共有しておくこと

□連絡体制
あらかじめ通常又は緊急時の連絡方法について、労使間で取り決めておくことが望ましい。
（労務管理ガイドライン）

・緊急連絡手段

> 2　会社は緊急の事態が生じた場合は、テレワーク勤務者に出社を命じることがある。

第5章　テレワーク勤務時の賃金等

第18条（賃金等）

> テレワーク勤務者の賃金については、社員就業規則第〇〇条、契約社員就業規則第〇〇条（賃金決定の原則）、社員賃金規則の定めによる。
> 2　居住地から会社の指定したサテライトオフィスへの交通費は、実費として精算できる。

□賃金と就業規則

第19条（情報通信機器・ソフトウェア等の貸与等）

> 会社からテレワーク勤務者へ業務に必要とするパソコン等の情報通信機器、ソフトウェア及びこれらに類する物を貸与した場合、会社の許可を得ずにソフトウェアをアンインストール・インストールし、又は私的に利用してはならない。
> 2　前項にかかわらず、会社はテレワーク勤務者が所有する機器を利用させることができる。この場合、セキュリティガイドラインを満たした場合に限るものとする。

□貸与等

・セキュリティガイドライン

第20条（費用の負担）

> 　会社が貸与する情報通信機器を利用する場合の通信費で、業務に使用したことが把握できる費用については、原則として会社負担とする。
> 2　テレワーク勤務者が所有する情報通信機器を利用してテレワーク勤務を行うにあたり、新たにセキュリティ環境の確保のためにかかった費用については、原則としてテレワーク勤務者の負担とする。
> 3　在宅勤務に伴って発生する水道光熱費は、テレワーク勤務者の負担とする。
> 4　業務に必要な郵送費、事務用品費、消耗品費、その他会社が認めた費用は、会社負担とする。

第21条（教育訓練）

> 　会社は、テレワーク勤務者に対して、業務に必要な知識、技能を高め資質の向上を図るため、必要な教育訓練を行う。
> 2　テレワーク勤務者は、会社から教育訓練を受講するよう指示された場合には、特段の事由がない限り指示された教育訓練を受けなければならない。

第22条（災害補償）

> 　テレワーク勤務者が、自宅での業務中に災害に遭ったときは、社員就業規則第〇〇条、契約社員就業規則第〇〇条（災害補償）の定めによる。ただし、私的行為を要因とする災害については、対象外とする。

＜法的根拠等＞

□費用の負担
テレワークを行うことによって生じる費用については、通常の勤務と異なり、テレワークを行う労働者がその負担を負うことがあり得ることから、あらかじめ労使で十分に話し合い、就業規則等において定めておくことが望ましいです。
（労務管理ガイドライン）

□教育訓練
テレワークを行う労働者については、OJTによる教育の機会が得がたい面もあることから、労働者が能力開発等において不安に感じることのないよう、社内教育等の充実を図ることが望ましいです。
（労務管理ガイドライン）

□災害補償
労働契約に基づいて事業主の支配下にあることによって生じたテレワークにおける災害は、業務上の災害として労災保険給付の対象となります。ただし、私的行為等業務以外が原因であるものについては、業務上の災害とは認められません。
（労務管理ガイドライン）

第 23 条（健康管理）

> テレワーク勤務者の健康を保持するために、テレワーク勤務者は、以下の事項に留意しなければならない。
> (1) 恒常的な時間外、休日、深夜の労働はしないこと
> (2) 適宜、体操をするなどして腰痛等、体の負荷を軽くすること
> (3) 適正な執務環境（照明、椅子、温度）を保つこと
> (4) その他、上記に準ずる事項

＜法的根拠等＞

□健康管理
事務所衛生基準規則（昭和47年労働省令第43号）、労働安全衛生規則及び「情報機器作業における労働衛生管理のためのガイドライン」（令元.7.12基発0712第3号）の衛生基準と同等の作業環境となるよう、テレワークを行う労働者に助言等を行うことが望ましいです。
（労務管理ガイドライン）

第 24 条（改　廃）

> 本規程の改廃は、役員会の決議により行う。

第 25 条（施　行）

> 本規程は、令和6年〇月〇日より施行する。

【別紙】
～　セキュリティガイドライン　～
テレワークのセキュリティを適正に管理するために
従業員が守るべき基本的事項

【テレワーク勤務者の心構え】
①テレワークで利用しているシステムならびに取り扱う重要情報を事前に把握し、端末利用時は常にリスクが伴うことを認識する。
②端末ならびに業務情報が記載された書類等をオフィス外に持ち出すときは、盗難、紛失のリスクに気をつける。
③テレワークで使用するパスワードは、使いまわしを避け、他人に推測されにくいものを用いるように心がけ、定められたルールに従って適宜変更する。

【事故発生等】
④事故発生時は、所属長ならびに情報セキュリティ担当者に迅速に連絡をし、指示を仰ぐ。

【テレワーク業務開始前】
⑤端末にウイルス対策ソフトがインストールされ、最新の定義ファイルが適用されていることを確認する。
⑥テレワーク端末のOS及びソフトウェアについて、アップデートが適用され最新の状態であることを確認する。

【テレワーク業務中】
⑦第三者と共有する環境で作業する場合、端末の画面にプライバシーフィルターを装着するほか、作業場所を選ぶなどにより画面の覗き見防止に努め、離席時にはスクリーンロックをかける。
⑧フィッシング等の標的にならないように、電子メールの添付ファイルの開封ならびにリンク先のクリックに一層

＜法的根拠等＞
【セキュリティガイドライン】
情報を扱う業務に対して、組織として統一のとれた情報セキュリティに関する基本方針や行動指針が必要です。そして、その内容を明文化した「セキュリティガイドライン」を作成します。テレワーク導入時にも、基本的には組織として統一されているセキュリティガイドラインの遵守が必須です。
①　基本方針：セキュリティ全体の根幹
②　対策基準：基本方針をもとに実施すべきことや守るべきことを規定したもの
③　実施手順：対策基準の事項を具体的に実行するための手順を示したもの
（テレワークではじめる働き方改革）

【経営者の役割】
①　テレワークセキュリティに関する脅威と事業影響リスクの認識
②　テレワークに対応したセキュリティポリシーの策定
③　テレワークにおける組織的なセキュリティ管理体制の構築
④　テレワークでのセキュリティ確保のための資源（予算・人員）確保
⑤　テレワークにより生じるセキュリティリスクへの対応方針決定と対応計画策定
⑥　テレワークにより対応が必要となるセキュ

の注意を払う。

⑨オンライン会議を行う際はアクセスするためのURLならびに会議参加のパスワードを必要なメンバーだけに伝えるようにし参加者の本人確認も行う。

⑩テレワークでSNSのメッセージ機能を利用する場合は、機密情報の漏洩のリスクを考え、社内で定められた利用ルールに従う。

【インターネット利用時における注意】

⑪マルウェア配布等が報告されている危険なサイトにはアクセスしない。

⑫業務上、機密性が高い電子データを送信する際には、暗号化する。

⑬テレワークで無線LANを利用する場合は、確保すべきセキュリティレベルに応じた対策が可能な範囲で利用し、フリーWi-fiへの接続は禁止とする。例）VPNの利用、無線LANのPW設定を要する。

⑭社外から社内システムにアクセスするための利用者認証情報（パスワード、ICカード等）を適正に管理する。

⑮リモートデスクトップ等インターネット経由で社内システムにアクセスする場合は、社内システム管理者が指定した通信手段のみを用いると同時に、テレワークで使用する端末も社内システム管理者が指定した接続設定のみ許可される。

⑯テレワークで利用する自宅の無線LANルーター等のネットワーク機器は、メーカーサポートが切れている製品を利用してはならず、最新のファームウェアを適用する。

⑰無線LANルーターを利用する場合は、無線LANのセキュリティ方式として「WPA2」又は「WPA3」を利用して、無線の暗号化パスワードは第三者に推測されにくいものを利用する。

＜法的根拠等＞

リティ対策のための体制構築
⑦ 情報セキュリティ関連規程やセキュリティ対策の継続的な見直し
⑧ テレワーク勤務者に対するセキュリティ研修の実施と受講の徹底
⑨ セキュリティインシデントに備えた計画策定や体制整備
⑩ サプライチェーン全体での対策状況の把握

【システム・セキュリティ管理者の役割】
① テレワークに対応した情報セキュリティ関連規程やセキュリティ対策の見直し
② テレワークで使用するハードウェア・ソフトウェア等の適切な管理
③ テレワーク勤務者に対するセキュリティ研修の実施
④ セキュリティインシデントに備えた準備と発生時の対応
⑤ セキュリティインシデントや予兆情報の連絡受付
⑥ 最新のセキュリティ脅威動向の把握

【テレワーク勤務者の役割】
① 情報セキュリティ関連規程の遵守
② テレワーク端末の適切な管理
③ 認証情報（パスワード・ICカード等）の適切な管理
④ 適切なテレワーク環境の確保
⑤ セキュリティ研修への積極的な参加

【データ保存、アップロード、ダウンロード】
⑱会社貸与の端末にアプリケーションをインストールする際は、事前にシステム管理者の確認をとる。
⑲テレワークでファイル共有サービス等のパブリッククラウドサービスを利用する場合は、アップロードするデータを暗号化するほか、相手がダウンロードしたらすぐ削除する。
⑳機密性が高い業務情報を保存する際には、暗号化し、端末電ならびに電子データの入った記録媒体などの盗難防止に努める。

＜法的根拠等＞
⑥　セキュリティインシデントに備えた連絡方法の確認
⑦　セキュリティインシデント発生時の速やかな報告
（テレワークセキュリティガイドライン第5版）

・アップロード
・ダウンロード
・データ保存

〈参考図書〉
○「リスク回避型　就業規則・諸規程作成マニュアル（7訂版）」岩﨑仁弥・森紀男／日本法令
○「図解でわかる部門の仕事　改訂版　総務部」下條一郎／日本能率協会マネジメントセンター

〈著者プロフィール〉

森　紀男（もり　のりお）

- 株式会社スタッフコンサルティング　代表取締役
- ソフィア特定社会保険労務士法人　代表社員（特定社会保険労務士）
- 公益社団法人全日本能率連盟公認　マスター・マネジメント・コンサルタント
- 経営法曹会議賛助会員

　株式会社スタッフコンサルティング／ソフィア特定社会保険労務士法人
　　105-0014　東京都港区芝1-13-22　芝Nビル2F

小田　香里（おだ　かおり）

- 特定社会保険労務士
- キャリアコンサルタント
- AFP

　社会保険労務士事務所GJパートナーズ　代表
　　101-0054　東京都千代田区神田錦町3-21
　　ちよだプラットフォームスクウェア CN-202

青山　修司（あおやま　しゅうじ）

- 神奈川県出身
- 市立大学工学部卒業後、番組制作会社に在籍
  技術職を経て総務部勤務　「規則規程」所管担当

〈監修〉

弁護士　井手　大作（いで　たいさく）

　銀座セントラル法律事務所
　　104-0061　東京都中央区銀座1-7-6　タニザワビル

※本書でとりあげた規則規程例については、
https://www.rodo.co.jp/download/1722.zip からダウンロードできます。

コンプライアンス＆リスクマネジメント対応規則規程

2025年1月30日　初版

著　　者　株式会社スタッフコンサルティング　森　紀男
監　　修　弁護士　井手　大作
発　行　所　株式会社労働新聞社
　　　　　〒173-0022　東京都板橋区仲町29-9
　　　　　TEL：03-5926-6888（出版）　03-3956-3151（代表）
　　　　　FAX：03-5926-3180（出版）　03-3956-1611（代表）
　　　　　https://www.rodo.co.jp　　pub@rodo.co.jp
表　　紙　尾﨑　篤史
印　　刷　株式会社ビーワイエス

ISBN 978-4-86821-001-6

落丁・乱丁はお取替えいたします。
本書の一部あるいは全部について著作者から文書による承諾を得ずに無断で転載・複写・複製することは、著作権法上での例外を除き禁じられています。